持続可能な社会を考える
エネルギーの授業づくり

永田成文・山根栄次編
三重・社会科エネルギー教育研究会

三重大学出版会

目　次

プロローグ　持続可能な社会の実現を見据えたエネルギーの授業

　　　　　　　　　　　　　　　　　　　　　　　　　　　　　　　　　　　　　5

第1章　持続可能な社会を考えるエネルギー教育 ………………………………… 7

　第1節　持続可能な社会を考えるエネルギー教育の目標 ……………………… 7

　第2節　持続可能な社会を考えるエネルギー教育の内容と方法 ……………… 10

　第3節　持続可能な社会を考えるエネルギー教育のカリキュラム …………… 13

第2章　社会科におけるエネルギーの授業づくり ……………………………… 17

　第1節　社会科における児童・生徒に身近なエネルギー教材 ………………… 17

　第2節　エネルギーを取り上げる授業の現状と課題 …………………………… 20

　第3節　持続可能な社会を考えるエネルギーの授業づくりの視点 …………… 25

第3章　エネルギーの安定供給を考える授業づくり …………………………… 27

　第1節　エネルギーの安定供給の仕組みを考える授業（小4 社会） ………… 27

　第2節　エネルギーの安定供給と工業生産の関係を考える授業（小5 社会）………… 39

　第3章解説　エネルギーの安定供給と社会生活とのかかわりを考える ……… 51

　コラム1　エネルギー授業における電力会社の出前教室の活用 ……………… 55

　コラム2　エネルギー施設の見学－浜岡原子力発電所－ ……………………… 57

第4章　エネルギーの持続的利用を考える授業づくり ………………………… 59

　第1節　地域の未来のエネルギー政策を考える授業（小6 社会） …………… 59

　第2節　日本の電力のベストミックスを考える授業（中3 社会） …………… 71

　第4章解説　電源開発からエネルギーの持続的利用を考える ………………… 83

コラム3　日本最初の水力発電所—三居沢発電所— ……………………… 87

コラム4　風力発電はもうかるのか−ウインドパーク笠取・美里発電所− …………… 89

第5章　エネルギーと持続可能な社会との関係を考える授業づくり ……… 91

第1節　100万都市江戸におけるエネルギー使用の

　　　　持続可能性を考える授業（小6 社会） ……………………… 91

第2節　電力の歴史から電力自由化への対応を考える授業（中3 社会） ………… 103

第5章解説　歴史と経済の視点から持続可能な社会を考える ……………………… 115

コラム5　明かりから江戸時代と現代の人々の暮らしを考える授業 ……………… 119

コラム6　エネルギー使用の歴史を概観する ………………………………… 121

エピローグ　エネルギー教育の研究に継続して取り組む ……………………… 123

索引 ……………………………………………………………………… 125

 **持続可能な社会の実現を見据えたエネルギーの授業**

 エネルギーと社会との関係を考える

　電気は人の命をつないでいる。三重・社会科エネルギー教育研究会において，中部電力三重支店の広報担当の方に教えて頂いたフレーズである。このフレーズは，エネルギーが我々の生活に必要不可欠であることを如実に物語っている。エネルギーである電気は便利で快適な生活を行うためばかりでなく，水と同じように人間が生きるために必要なものということであり，学習者がエネルギーについて学ぶための原動力になると考える。

　現代社会において，自然災害等により長期間にわたり電源を喪失したら，我々の生活はどのようになるだろうか。この問いは，我々がいかに電気に依存しているのかに気づかせてくれる。電源喪失の際に，我々が真っ先に優先させるべきことは何か。人の命を守るために，病院等で蓄電池や自家発電などで電源を確保し続けることである。現代の生活で当たり前となった，携帯電話等の電化製品や電子レンジなどの調理器具を使用するためには，電力の安定確保が必要なのである。

　電力会社は，電力の確保は「義務」ではなく「使命」であると明言している。だから，台風の際などに停電となった場合に，いち早く復旧工事がなされるのである。地域への安定供給が必要不可欠な電気は，量だけを考えておけばよいというものではない。電気には質がある。すなわち，電圧が一定であること，周波数が安定していること等の条件がそろってはじめて，我々は安心して社会生活を送ることができるのである。

　電気は社会生活の中で使い勝手がよいように加工した二次エネルギーである。小・中学校の義務教育段階の学習者には，一次エネルギーである石炭・石油・天然ガス等を扱うよりも，普段から日常生活で使用している電気を取

プロローグ　5

り上げた方がエネルギーと社会との関係を考えやすい。2011年の東日本大震災以降，エネルギーと社会の関係について改めて問い直す気運が高まった。エネルギーの授業は理科や家庭科などでも行われているが，社会科において，エネルギーと社会との関係をとらえる学習を系統的に位置付けていきたい。

 エネルギーを通して持続可能な社会の実現を見据える

　エネルギーと社会との関係をとらえる際に，便利で快適な生活を将来もいかにして持続させていくかという持続可能性の視点が必要となる。なぜなら，現代社会で主にエネルギーを作り出してきた石炭・石油・天然ガスなどのエネルギー資源の埋蔵量は限られており，産業革命後の大量生産・大量消費・大量廃棄が当たり前という産業活動と生活様式により，枯渇問題が浮上しているからである。自然エネルギーを中心とした再生可能エネルギーでは社会全体が必要とするエネルギー量を現段階では全て賄うことができない。

　2015年12月に新しい気候変動に関する国際的枠組みであるパリ協定が採択された。これは全世界で地球温暖化防止に取り組む画期的な取り決めである。全世界の学校教育において，持続可能性の視点からエネルギー教育を推進する必要がある。具体的には，現在の人々が享受している便利で快適な生活を未来の人々も享受できるように，持続可能性の視点から，社会はどうあるべきか，自分たちはどう行動するべきかを学習者が思考・判断・表現するような授業が求められる。エネルギーの知識を基にエネルギーとどのようにかかわっていけばよいのかについて積極的に議論したい。これは，エネルギーをテーマとした持続可能な開発のための教育（Education for Sustainable Development：ESD）として位置付けることができる。

　現行の2008年版の学習指導要領・社会においては，エネルギーの内容が系統的に位置付いていない。本書では，学習指導要領に準じて，どのような社会科エネルギー授業が可能であるのかを提案していきたい。

（永田　成文）

第1章 持続可能な社会を考えるエネルギー教育

第1節 持続可能な社会を考えるエネルギー教育の目標

社会科教育とエネルギー教育と ESD (持続可能な開発のための教育)

　人類は生活をより豊かで快適にするためにエネルギーを使用してきた。特に，産業革命以降，エネルギーの大量消費が続き，近年は世界各地でエネルギー資源の枯渇や環境破壊などの問題が深刻化している。エネルギー環境教育は「エネルギー＋環境」といった環境教育の拡大解釈ではなく，「エネルギー」を軸教材とする環境教育である[1]。中央教育審議会初等中等教育分科会教育課程部会（2005）では，エネルギー環境教育という観点からさらに環境教育の充実が必要であることが示された。学校教育において，エネルギーに焦点を当てたエネルギー環境教育の推進が要請されているといえる。

　現代世界では，環境問題やエネルギー問題が深刻化し，人間の良好な生活環境が将来に向けて持続し得なくなっている。このため，長期的に維持可能であるかという持続可能性の概念が着目されるようになった。よりよい社会の形成をめざす社会科教育においては，エネルギーに焦点を当て，その大量消費によるエネルギー資源の枯渇や環境負荷と経済負担などを伴うエネルギー問題[2]を取り上げ，世界・国家・地域の様々な地域レベルで表出している現状と原因と解決策を考えていくことが求められる。

　環境教育やエネルギー教育の立場からの持続可能な社会とは，人間の生活環境が将来にわたって望ましい状態で持続する見通しが持てる社会である。
　エネルギー問題は持続可能性という概念が重要な柱になる[3]。社会科教

育では，未来の社会にかかわるエネルギー問題について，エネルギーの持続可能な利用という価値を踏まえ，過去・現在・未来の時間軸から追究していくことが求められる。このように，社会科におけるエネルギー教育では，持続可能な開発（Sustainable Development: SD）の視点に立って，あらゆるレベルにおける人々の行動の変革をめざす持続可能な開発のための教育（Education for Sustainable Development: ESD）として，地球規模や国家規模や地域規模の様々な地域レベルで考えて，地域で行動することが求められている。ESD としてのエネルギー教育はまさに，"Think globally, act locally" を実現する教育である。

「国連持続可能な開発のための教育の 10 年（United Nations Decade of Education for Sustainable Development: UNDESD）」のユネスコ国際実施計画フレームワーク（2004）は，社会・文化，環境，経済の３領域と 15 の重点分野を示し，環境領域の自然資源の分野の中にエネルギーが位置付けられている（表１−１参照）。2013 年 11 月のユネスコ総会において，ESD に関するグローバル・アクション・プログラム（GAP）が採択され，ESD は 2015 年以降も引き続き世界で推進されることになった。

このように，世界的に ESD を推進する取り組みがなされているにもかかわらず，日本では一部の意欲ある教員による先進的な取り組みを除いて，ESD の視点を導入した授業開発は進んでいるとはいえないのが実情である。

表１−１　ESD の３大領域及び 15 重点分野

(1)　社会・文化領域
①人権　②平和と人間の安全保障　③男女平等　④文化の多様性と異文化理解 ⑤健康（保健・衛生意識の向上）　⑥エイズ予防　⑦統治能力
(2)　環境領域
⑧自然資源（水, エネルギー, 農業, 生物多様性）　⑨気候変動　⑩農村構造改革 ⑪持続可能な都市化　⑫災害防止と被害軽減
(3)　経済領域
⑬貧困削減　⑭企業責任と説明義務　⑮市場経済の再考

※ UNESCO（2004, pp.17-20）より作成

本書では，社会科教育（総合学習を含む）において，持続可能性を見据えて解決策を考えていくESDとしてのエネルギー教育を提案していきたい。

 ## 社会科エネルギー教育の目標

　2011年3月に生じた東日本大震災とその影響による原子力発電所の事故は，国家のエネルギー供給体制やエネルギー政策の見直しとともに，日本に住む生活者として，今後どのようにエネルギーを利用していくべきかを問い直す契機となった。社会科教育は，他教科と連携してエネルギー教育の核となるとともに，エネルギーと社会との関係を考察していくことが求められる。

　学校教育におけるエネルギー環境教育の目標は，「持続可能な社会の構築をめざし，エネルギー・環境にかかわる諸活動を通してエネルギー・環境問題に関する理解を深めるとともに技能を身につけ，課題意識を醸成し，その解決に向けて成長や発達に応じ，主体的かつ適切に判断し行動できる資質や能力を養うこと[4]」である。現行の学習指導要領・社会では，「持続可能な社会の実現を目指すなど，公共的な事柄に自ら参画していく資質や能力を育成する」ことが強調された。両者は，持続可能な社会の実現をめざす点で合致しており，ESDとしての社会科エネルギー教育の実践は可能である。

　エネルギー問題への意識を高めるために，エネルギーは地域や日本や世界の暮らしに必要であることをとらえ，様々な地域レベルで生じているエネルギー問題が自己とかかわっている意識を高めるために，生活の様子を振り返り，未来のエネルギー政策などを判断していく必要がある。

　以上から，本書では社会科エネルギー教育の目標を次のように設定したい。

　エネルギーと社会生活との関係や様々な地域規模において発生するエネルギー問題の特色とその背景を考え，エネルギーの持続可能性を踏まえ，自己とのかかわりからそれらの解決策を判断することができる。

第2節
持続可能な社会を考えるエネルギー教育の内容と方法

  社会科エネルギー教育の内容

　エネルギーは，物を動かしたり，熱を出したり，光を出したり，私たち生き物が活動したりするのに必要なもので，なにか仕事をする力である[5]。エネルギー環境教育では，適切かつ正確で多面的な認識形成を図るために，身のまわりには，様々なエネルギーがあるという【存在】，エネルギーは人間生活に欠かせないものであるという【有用】，人間が利用できるエネルギー資源には限りがあるという【有限】，エネルギーの不適切な利用が環境破壊を引き起こしているという【有害】，私たちはエネルギーを，循環，抑制，共生の視点から，その持続的利用を考える必要があるという【保全】などの，様々な教科を視野に入れた総合的な5つの認識形成の視点を示している[6]。

　社会科エネルギー教育では，エネルギーと社会との関係を持続可能性の視点からとらえていくために，上記の5つの視点をもとにして，次のような内容を考える[7]。

○エネルギー資源の存在に関すること【存在】
・エネルギー資源の偏在と輸出入
○エネルギーの生活や社会における利用に関すること【有用】
・身近な地域の生活におけるエネルギー（電気）の安定供給の重要性
・現代社会におけるエネルギー（電気）を使用した生産活動
・現代社会のエネルギー消費の現状と地域差とエネルギー使用の変化
○エネルギー資源の有限性に関すること【有限】
・エネルギーの大量生産に伴う資源の枯渇問題
○エネルギーの利用に伴って生じる有害性に関すること【有害】
・自然災害とエネルギー使用
・エネルギーの大量消費に伴う環境問題
○エネルギー資源の保全に関すること【保全】
・省エネルギーの必要性とその方法
・エネルギー（電気）の持続的利用

エネルギーの持続可能性を考える場合，未来に向けてどのようなエネルギーを使い，どのようにエネルギーを確保していくのかを考える必要がある。このため，地域において持続性が脅かされているエネルギー問題が内容の中核に位置付く。エネルギー基本計画（2014）では，エネルギーは人間のあらゆる活動を支える基盤であり，エネルギー政策の基本的視点として，エネルギーの安定供給の確保（Energy security），環境への適合（Environment），経済効率性（Economic efficiency）と安全性（Safety）の同時的な実現を視野に入れるとしている。

　持続性が脅かされているエネルギー問題は，安全の視点を前提に，エネルギーの安定供給の確保の視点をベースとして，経済性と環境保全の視点からとらえ，持続可能性や地域性も加味してその解決策を考えていく必要がある。社会科エネルギー教育では，図1－1のようなエネルギー問題の視点を踏まえて，エネルギーの持続的利用を考えていくことになる。

※筆者作成
図1－1　エネルギー問題の視点

 社会科エネルギー教育の方法

　エネルギーをめぐる問題を考える際には，現代の世代だけが豊かな生活を享受し，有限のエネルギー資源を使い尽くすことはできないため，持続可能性という概念が重要な柱になる。
　『わが国における「国連持続可能な開発のための教育の10年」実施計画』

（2006）は，ESD の目標を「持続可能な将来が実現できるような行動の変革をもたらすこと」と示し，問題解決能力を育成する学習プロセスを重視した。このように，エネルギー問題は未来に向けて，エネルギーをこのまま利用し続けることが持続不可能であり，持続可能な社会をいかに構築するかを多面的に思考し，判断することが求められる。また，学習者の実際の行動を促すためには，エネルギー問題が喫緊の課題であることを意識させ，地域での解決策について当事者意識を持たせる場面を設定する必要がある。

　エネルギー問題は，エネルギーと社会との関係から優先する価値観の違いによって，議論が分かれるような社会的論争問題となることが多い。社会的論争問題の解決に向けて，社会認識の過程を基盤として，社会参加の過程を位置付けることになる。前者はエネルギー問題の現状をとらえて背景を探究する活動，後者は解決のために判断し伝える活動が対応する。

　以上から，社会科エネルギー教育では，地域性とともに，エネルギーの持続可能性を踏まえた多様な視点から問題の解決に向けた判断を行う。具体的には，エネルギー政策の基本的視点から，エネルギー問題の現状と原因を認識し，エネルギーの持続的利用の視点から解決策への対応を考えていく，【記述】→【説明】→【判断】の意思決定の過程となる[8]。この過程に主な問いを位置付けたものが表1-2である。

表1-2　社会科エネルギー教育の過程と問い

〔エネルギーと社会とのつながりの認識〕
【記述】「地域ではどのようなエネルギーを使用しているか」 　　　　「地域ではどのようなエネルギー資源があるか」
〔エネルギー問題とその背景の認識〕：エネルギー政策の基本的視点
【記述】「地域でどのようなエネルギー問題があるか」 【説明】「なぜ，その問題が生じるか」
〔エネルギー問題の解決に向けた対応〕：エネルギーの持続的利用の視点
【判断】「問題の解決策は善いか悪いか」（価値判断） 　　　　「どの解決策がより望ましいか」（意思決定）

※小原（1994，pp.167-176）を参考にして作成

12

第3節 持続可能な社会を考えるエネルギー教育のカリキュラム

 1　現行の学習指導要領・社会におけるエネルギー教育の現状

　現行の学習指導要領・社会において，次のエネルギーとかかわる内容と項目を挙げることができる。

【小学校社会科】
第3学年及び第4学年
内容（3）ア　飲料水・電気・ガスの確保や廃棄物の処理と自分たちの生活や産業とのかかわり（飲料水・電気・ガスから1つ選択）
　　　　　イ　これらの事業は計画的，協力的に進められていること
内容（5）ア　古くから残る暮らしにかかわる道具，それらを使っていたころのくらしの様子

第5学年
内容（1）エ　国土の保全などのための森林資源の働き及び自然災害の防止
内容（3）ア　様々な工業製品が国民生活を支えていること
　　　　　ウ　工業生産に従事している人々の工夫や努力，工業生産を支える貿易や運輸などの働き

第6学年
内容（1）ア～ケ　自分たちの生活の歴史的背景，我が国の歴史
内容（2）ア　国民生活には地方公共団体や政治の働きが反映していること

【中学校社会科】
地理的分野
項目（1）ウ　世界の諸地域　※産業・生活でエネルギーを主題に設定
項目（2）**イ　世界と比べた日本の地域的特色（ウ）資源・エネルギーと産業**
　　　　　ウ　日本の諸地域（エ）環境問題や環境保全を中核とした考察
歴史的分野
項目（2）～（6）　我が国の歴史の大きな流れと各時代の特色
公民的分野
項目（4）ア　世界平和と人類の福祉の増大　※資源・エネルギーの課題の設定
　　　　　イ　「よりよい社会を目指して」　※持続可能な社会に向けた課題の設定

※太字は選択，太字下線は必修

義務教育段階の社会科教育において，選択として小学校第３学年及び第４学年（以降「中学年」と表記）社会科の内容「地域の人々にとって必要な飲料水，電気，ガスの確保」が，必修として中学校社会科地理的分野の小項目「資源・エネルギーと産業」が設定されている。小学校の教科書では，飲料水が選択されているため，実質，社会科エネルギー教育は地理的分野の必修のみで行われている。その主な内容はエネルギー資源の世界での不均等分布であるため，エネルギーと社会との関係をとらえることが不十分である。

　必修・選択以外では，社会科教育の内容の中に，社会事象として意図的にエネルギーをテーマに設定した場合に限られる。学習者が持続可能な社会の実現に向けて公共的な事柄に参画していくために，中学年社会科からエネルギー教育を系統的に位置付けていく必要がある。

② 現行の学習指導要領をいかした社会科エネルギー教育の構想

　学習者がエネルギーを身近に感じ，追究するためには，地域の生活の中でイメージしやすい教材が必要である。第二次世界大戦後，電化製品などの開発や産業化がすすめられ，電力の需要が急速に拡大した。電気を素材とした授業として，エネルギーの供給に焦点をあて，地域の発電所や生産活動を見学することにより，地域性の視点から安定した電気が家庭や生産施設に届くまでの工夫をとらえるような電気の安定供給を実感する実践や，エネルギー問題に焦点をあて，発電のしくみや発電量を調べ，持続可能性の視点から電源を判断するような未来の発電方法を選択する実践を挙げることができる。前者は社会認識の形成に，後者は市民的資質の育成に重点をおくことになる。

　以上から，現行の学習指導要領に準拠した社会科エネルギー教育のカリキュラムでは，大枠として，小学校は地域への電気の安定供給のしくみや地域や日本の生産活動に関わる電力の需要と供給の実態を踏まえ，地域の発電方法を考え，中学校は世界と比較して日本の電力事情やエネルギー問題を踏まえ，日本の電気の持続的な安定供給を可能にする発電方法を判断する。

14

社会科エネルギー教育の枠組みとして，小学校と中学校で対象となる地域を環境拡大方式により設定し，主に安定供給に焦点をあてた社会認識を形成する授業と持続可能性に焦点をあてた市民的資質を育成する授業を小学校と中学校でそれぞれ組織することで，学習者が発達段階に応じてエネルギーを通して持続可能な社会を考えていくことが可能になる（図１－２参照）。

発達段階			主な学習内容	地域（空間）	エネルギー問題を考える視点：安定供給	エネルギー問題を考える視点：持続可能性
小学校	中学年	認識	○発電・送電により地域に電気が安定供給されている。 ○人々の暮らしとエネルギー使用はかかわっている。	地域	⇩⇩⇩	
小学校	第５学年	認識	○災害時にエネルギーの安定供給が必要である。 ○日本の産業は電気を使用して生産を上げている。	国	⇩⇩	
小学校	第６学年	認識	○日本の各時代でエネルギー構成が変化している。	国 地域	⇩	⇩
小学校	第６学年	資質	○コストや立地の面から地域の電源開発を考える。	地域	⇩	⇩⇩
中学校	地理的分野	認識	○州や国レベルで脱炭素社会の考えが広がっている。 ○世界はエネルギー資源の枯渇が問題であり，日本は輸入に頼っている。	州 国 世界	⇩⇩⇩⇩⇩	⇩⇩
中学校	歴史的分野	認識	○歴史上の発展過程でエネルギーが大量に使用され，工夫して供給されるようになった。			
中学校	公民的分野	資質	日本のエネルギー事情を踏まえ，未来の電源開発を多様な視点から考える。	世界 国	⇩⇩	⇩⇩⇩

※エネルギー教育の視点の項目の矢印の数はかかわりの強さを示す。著者作成

図１－２　社会科エネルギー教育の枠組み

〔注〕

（1）山下宏文「エネルギー環境教育のカリキュラム開発の視点と展開」佐島群巳・高山博之・山下宏文編『エネルギー環境教育の理論と実践』国土社，2005，p.76

（2）エネルギー資源の大量生産・大量消費によって生起し，エネルギー資源需給と関係が深い問題と化石エネルギー消費による自然環境問題から構成され，前者はエネルギーの安定供給，後者は地球温暖化などが事例に示されている。新・エネルギー環境教育情報センター『エネルギー環境教育ガイドライン』2013，p.6

（3）岩田一彦「社会科教育におけるエネルギー問題」岩田一彦編『"エネルギー問題"をめぐる論点・争点と授業づくり』明治図書，2005，p.12

（4）前掲（2），p.23

（5）石原淳・鈴木真「小学校高学年『電気とわたしたちのくらし』」前掲（1），p.108 に示されているエネルギーのとらえ方を参考にした。

（6）鈴木真「エネルギー環境教育の授業づくり」佐島群巳・高山博之・山下宏文編『教科学習におけるエネルギー環境教育の授業づくり（小学校編）』国土社，2009，p.17

（7）エネルギー教育フォーラム『エネルギー教育フォーラム実践報告－電気の質について－』2011，p.9 に示されている内容を参考にした。

（8）小原友行「社会科における意思決定」社会認識教育学会編『社会科教育ハンドブック』明治図書，1994，pp.167 - 176 を参考にした。

〔参考文献〕

○経済産業省・資源エネルギー庁『エネルギー基本計画』2014

○国連持続可能な開発のための教育の 10 年関係省庁連絡会議編『わが国における「国連持続可能な開発のための教育の 10 年」実施計画』2006

○中央教育審議会初等中等教育分科会教育課程部会報告書，2005

○ UNESCO, *United Nations Decade of Education for Sustainable Development* (*2005-2014*)*: Draft International Implementation Scheme*, 2004

（永田 成文）

第2章 社会科におけるエネルギーの授業づくり

第1節
社会科における児童・生徒に身近なエネルギー教材

　教育内容としてのエネルギーは，どちらかというと，社会科よりも理科の内容という印象が強い教員が多いであろう。学習指導要領では，小学校でも中学校でも，理科については，「エネルギー」の文言が頻出している。それに対して，社会科については，「エネルギー」の文言は，小学校学習指導要領には，第3学年及び第4学年に「飲料水，電気，ガスの確保」がみられるのみである。中学校学習指導要領では，地理的分野の「（2）日本の様々な地域」の「イ　世界と比べた日本の地域的特色」の「（ウ）資源・エネルギーと産業」と，公民的分野の「（4）　私たちと国際社会の諸課題」の「ア　世界平和と人類の福祉の増大」の中の「資源・エネルギー」という2ヶ所が確認できるだけである。しかし，人々の社会生活を学習対象とする社会科で，衣食住などの家庭生活，交通・運輸，農業・水産業・工業，そして情報産業等で大量に使用されているエネルギーについて学習しないということは，本来あり得ないことである。エネルギーは，空気のように，その存在と使用が当たり前すぎで，教育内容として意識されてこなかったのかもしれない。

　戦後の日本において，社会問題としてエネルギーが大変注目されたのは，少なくとも2回ある。1回目は，1973（昭和48）年の，いわゆる石油ショックの時である。中東戦争におけるアラブ諸国の戦略として，石油の輸出規制が行われ，日本でも石油の輸入が激減した。ガソリンの価格が急上昇した他，当時は，発電の主要な方法が石油火力発電であったため，石油ショックによって電気の供給が制限され，日常生活でも，テレビの深夜放送が中止されたり，

街のネオンが消えたりした。2回目は，2011（平成 23）年に起こった東日本大震災の影響による福島における原子力発電所の事故の時である。この事故により，特に東京電力の管内では，電気の供給が制限された。また，全国にある全ての原子力発電所が運転停止になった。その後，原子力発電の全廃を求める声と，原子力発電の再稼動を求める声が対立して，今日に至っている。1回目の石油ショックの後には，石油火力発電に依存し過ぎた発電体制を変革するため，国及び電力会社は，原子力発電と液化天然ガス（LNG）による火力発電を普及させた。2回目の福島原子力発電所の事故後は，特に，自然（再生可能）エネルギーを利用した発電の推進が各方面から主張されている。

　エネルギーは，もう一つ別の角度からも議論されている。それは，地球温暖化を中心とした地球環境問題との関連としてである。地球温暖化の主要原因は二酸化炭素の排出の増加といわれているので，燃焼によって二酸化炭素を大量に排出する，石炭・石油・天然ガスによる発電（特に，石炭と石油による発電）は，世界的にその抑制を迫られている。この角度からみたエネルギー問題は，「エネルギー・環境問題」とされ，教育界でのエネルギー問題に対するアプローチは，むしろこちらの方が優勢であり，エネルギー・環境教育と呼ばれる。一般的なエネルギー・環境教育の目指す理念は，地球環境の持続可能性であり，具体的には，エネルギーの使用抑制・エネルギー供給体制の変革により，二酸化炭素の排出を抑制・削減して地球温暖化を抑制し，現在の地球の環境・生態系を持続させようとすることである。

　本書で提案する授業は，持続可能性を考える教育を進めようとする観点からは，エネルギー・環境教育の理念を受け継いではいるが，むしろ，エネルギーの安定供給と持続的利用に焦点を当てている。エネルギー・環境教育の主張や実践の一部には，地球温暖化・地球環境問題を解決するには，経済や人々の暮らしを犠牲にしてでもエネルギー使用をできる限り削減しなければならないということを理解させようとするものがあるが，本書はそのような立場を取らず，エネルギーと社会との関係の理解と社会におけるエネルギー

の持続可能性の考察に主軸におく。

　以上のような日本のエネルギーをめぐる状況の中で，小学校と中学校での社会科におけるエネルギー教育のための適切な教材とは何かを考えるとき，電気が最もふさわしいことがわかる。家庭生活におけるエネルギー（食料を除く）の使用（消費）は，エネルギー白書（2013）によれば，おおよそ，電気50%，都市ガス・LPガス30%，灯油20%となっていて，電気によるエネルギー使用が半分を占めていることがわかる。また，エネルギーを何に用いるかを考えると，灯油はほとんど，暖房，煮炊き，給湯に限られ，ガスもそれらに加えて冷房・冷蔵に用いられることがある程度であるのに対して，電気の場合には，それらに加えて，照明，テレビ・ラジオ・パソコンなどの情報機器の作動，電気炊飯器や電子レンジなどの調理器具の作動など，極めて多くの用途に用いられており，子ども自身を含めた家庭生活に与えている影響が大きいことも教材としてふさわしい理由となろう。

　石油ショックの時も，福島の原子力発電所の事故の時も，電気の使用制限が家庭生活に与えた影響が最も大きかった。産業においても，電気は生産・仕事に多様に用いられている。このように影響力が大きいことを考えると，やはり電気がエネルギー教育の主要な教材としてふさわしいことがわかる。また，電気の生産（発電）は，石油・石炭・天然ガスを使った火力発電，水力発電，原子力発電，風力発電，太陽光発電，地熱発電など多様な形でなされており，発電方法と環境との関係も多様であり，学習者である子どもが発電（エネルギー供給）と，消費（産業と暮らし）と環境保全を考えるための教材として面白く，価値が高いということがいえよう。

　社会科におけるエネルギー教育の教材としての電気は，ガスと同じく，人の眼に見えないという教材としての難点がある。理科での授業のように，子どもが実験で電気を直接扱うということは社会科の授業では少ないであろうが，発電にしても，送電にしても，電気の使用にしても，電気を実感的に理解させる工夫が必要になる。このことは，電気を教材として用いる社会科エネルギー教育の課題となる。

第2章　社会科・総合学習におけるエネルギーの授業づくり　19

第2節 エネルギーを取り上げる授業の現状と課題

 1　社会科におけるエネルギー授業の重要性

　第1節で指摘したように，小学校と中学校の社会科においては，学習指導要領のレベルでは，エネルギーについての系統的な学習が行われていないということができる。子どもを含めて日本人が，エネルギーの生産・供給と消費のあり方を，生活と経済と環境の観点から総合的に考え，意思決定をしなければならない現在，このことは由々しきことであろう。特に，2011年に東日本大震災での福島原子力発電所の事故により，電気を中心にしたエネルギー供給とエネルギー政策が大きな問題となっている現状において，エネルギー授業の充実が非常に重要になっている。

　文部科学省では，中央教育審議会において，平成28年を目途に平成30年の学習指導要領改訂のための答申をまとめるように審議がなされている。その中で，是非とも社会科における系統的なエネルギー授業を進めることが含まれるように期待したい。

　以下に，現行の学習指導要領の枠組の中で，どのようにしたら社会科におけるエネルギー授業が実践できるのかを考えてみたい。

 2　小学校社会科の場合

　小学校学習指導要領では，社会科の内容に「エネルギー」の文言は確認できないが，第3学年及び第4学年（以降「中学年」と表記）の内容の（3）には，「地域の人々の生活にとって必要な飲料水，電気，ガスの確保」がある。ところが，小学校学習指導要領のこれに関する「内容の取扱い」では，「『飲料水，電気，ガス』については，それらの中から選択して取り上げ」と記されているので，教科書には，これまでは飲料水のみが取り上げられ，電気とガスは取り上げられないことが多かった。しかし，2011年の東日本大震災

後に部分改訂された現在使用されている小学校社会科の教科書をみると、4ページ以上にわたって、電気の消費（消費電力量と使用用途）、発電（発電方法の種類と方法別発電量）、送電、変電、地球環境との関係が書かれている。飲料水の学習を終えてから、電気についての学習をすることが公認されたと考えることができよう。中学年社会科における飲料水の学習後の電気の学習についての本書の提案は、第3章第1節に示している。

　中学年社会科の学習指導要領には「エネルギー」の文言が記されていないが、実際にはエネルギー（電気）について学んでいる箇所がもう一つある。それは、「内容（5）」の「古くから残る暮らしにかかわる道具、それらを使っていたころの暮らしの様子」である。教科書を見ると、古くから残る暮らしにかかわる道具として、例えば、かまど・お釜、たらい・洗濯板が例示されている。そして、これらの道具の役割を現在果たしている道具として、かまど・お釜については電気炊飯器が、たらい・洗濯板については全自動の電気洗濯機が紹介されている。そして、かまど・お釜で炊飯するエネルギーは薪であったものが、電気炊飯器を動かすエネルギーは電気であること、たらい・洗濯板での洗濯は人力でしていたものが、全自動の電気洗濯機を動かすエネルギーは電気であることが記されている。何れも電気を使う道具の使用によって、昔と比べて生活が便利になったことが記されている。この他にも、暮らしの移り変わりの具体例として、ラジオ・テレビ・電話といった器具の変化が例示されている。これらの器具も全て電気を使用しており、電気がなければ使うことができないことが理解できる。

　このように、昔と今の生活を比較すると、今の生活では電気をエネルギーとして用いている器具が発達したことで、生活が便利になってきたことが理解される。また、ただ生活が便利になったということだけでなく、かまど・お釜を使用していた時にはあった薪の準備とかまどに火をおこすための労苦と労働時間からの解放、火災の不安が電気炊飯器ではなくなったこと、たらい・洗濯板を使用していた時にはあった水汲み、腰痛、冬場のあかぎれといった労苦と労働時間からの解放が、主に女性・母親の家事労働を軽減させ、女

性の社会進出・社会的な活躍を推進させたことに気づくことができる。これらのことにより，電気を使わない生活に戻ることは不可能であることが理解できる。

第5学年の社会科については，教科書を見ても，工業や情報産業を支えている電気の生産（発電）と送電については，ほとんど記されていない。本書は，第5学年の社会科において，日本の工業（例えば自動車工業）を支えるエネルギー産業として発電事業を取り上げるべきではないかという考えから，第3章第2節でその授業を提案している。工業生産を支える電気，特に自動車やIC・コンピュータ関連の精密な製品を製造する工場で使用される電気は，量（発電・送電）についても質（電圧・周波数）についても安定して供給されなければならない。そのことは，日本の工業を学ぶ中で取り上げる必要があろう。

第6学年の社会科は，日本の歴史，政治の働き，世界の中の日本の役割の3つの大きな内容からなっている。これらの内容のいずれにおいても，エネルギーについて学ぶ機会を設けることができる。

本書では，第5章第1節で，日本の歴史の学習の一環として，100万都市江戸において人々はどのようなエネルギー資源を使用していたのか，そのエネルギー資源の使用は持続可能であったのかを学習することを提案している。また，第5章の2つのコラムは，歴史の学習に活用できるエネルギーにかかわる事例を紹介している。

政治の働きの学習においては，「国民生活の安定と向上」の具体例として，エネルギー（特に電気）の安定供給をめぐる国のエネルギー政策を取り上げることにより，国のエネルギー政策という観点からエネルギーについて学ぶことができる。現在，国のエネルギー政策は，特に，原子力発電所の再稼動や，地球温暖化防止に関する国際的な取り決めの遵守，太陽光や風力で発電された電気の買い取り価格など，国民生活の安定にとって非常に重要な案件になっている。第6学年の児童なりに，国のエネルギー政策の重要性を学ぶことができよう。本書では，地域の電力の安定供給にかかわる政策として，

未来を見据えた発電方法を選択する実践を第4章第1節で提案している。

　世界の中の日本の役割の学習においては、「我が国と経済や文化などの面でつながりが深い国」の内容において、サウジ・アラビアを取り上げれば、石油というエネルギー資源の日本への供給国の様子を学ぶことができる。

 中学校社会科の場合

　地理的分野では、学習指導要領において「（2）　日本のさまざまな地域」の「イ　世界と比べた日本の地域的特色」に「（ウ）　資源・エネルギーと産業」があり、電気を含めたエネルギー教育の内容が示されている。中学校学習指導要領解説社会編（文部科学省、pp.45-46）において、資源・エネルギー関係では、「我が国はそれらの資源（エネルギー資源や鉱産資源のこと）のほとんどに恵まれていないため、我が国で消費するそれらの資源の大部分を海外からの輸入に依存していることといった程度の内容を取り扱うことを意味している」、「世界的視野で見ると、我が国は資源やエネルギーの大量消費に伴う環境問題、エネルギー問題を抱えた国の一つであるが、日本全体の視野で見ると、その現れ方には地域差がみられることや、風力発電や太陽光発電などの新しいエネルギーの開発に努力しているといった程度の内容を取り扱うことを意味している」と記している。2011年の東日本大震災後に発行されている現在の地理的分野の教科書では、福島の原子力発電所の事故により、これまで進められてきた原子力発電の在り方についての議論があること、再生可能エネルギーによる発電への期待が高まっていることなどの記述がみられるようになった。また、この内容の該当ページには「持続可能な社会」の文言がみられる。

　地理的分野では、日本のエネルギー資源（石炭、石油、天然ガス、ウラン）の資源別の自給率、輸入量や輸入先、エネルギー供給割合とそれらにかかわる課題を学習するほか、電気については、日本における発電の方法別の主な発電所の分布、再生可能エネルギーによる発電を含めた様々な発電の立地条

件，メリットとデメリット，持続可能なエネルギー使用のための努力や課題が学習されるべきであろう。

　歴史的分野については，学習指導要領にエネルギーに関する記述はない。エネルギーとのかかわりは唯一，内容の「（6）　現代の日本と世界」についての「内容の取扱い」に「石油危機」を取り扱うという記述があるのみである。歴史学習におけるエネルギー学習については，日本や世界の歴史におけるエネルギー資源の使用の変化と社会の変化の関連について学ぶべきであろう。具体的には，産業革命以前には主として薪炭，風力，水力であったものが，産業革命の後では主に石炭となり，その後，石油，LNG，ウランと主なるエネルギー資源が加わり，それによって産業や生活が変化した。エネルギーに関する日本の歴史的な事件としては，明治期の産業革命期における石炭の使用，日本の石炭の生産，石炭の中国などからの輸入，石油の獲得をめぐっての日本軍の南方進出とアメリカとの開戦，戦後における石炭から石油へのエネルギー革命，そして，石油危機が学習されるべきであろう。

　公民的分野では，学習指導要領において内容（4）「私たちと国際社会の諸課題」の「ア　世界平和と人類の福祉の増大」の中に「資源・エネルギー」の文言がみられる。中学校学習指導要領解説社会編（文部科学省，p.118）では，「『資源・エネルギー』にかかわっては，資源・エネルギーが不足してきていること，一層の省資源，省エネルギー及びリサイクルなどの必要性が求められていること，新しい資源・エネルギーの開発やその利用が必要であること」と記されている。これらの内容が公民的分野で学習されることは望ましいことであるが，これだけではもの足りない。公民的分野では，日本のエネルギー供給体制とエネルギー政策について，政治的観点と経済的観点から学ぶことが望ましい。本書の第4章第2節で提案している授業は，経済的観点を含む多様な観点から電源の多様性（エネルギーミックス）を追究したものである。また，本書の第5章第2節の授業は，歴史を踏まえて，電力自由化について政治的・経済的な観点から生徒が追究したものである。このような授業が公民的分野で意図的になされることが望ましい。

24

第3節
持続可能な社会を考えるエネルギーの授業づくりの視点

　社会科の学習において，今後の日本におけるエネルギー供給・エネルギー消費のあるべき姿（エネルギー政策）について，持続可能性を踏まえて追究するためには，以下の項目を検討することが必要であろう。

　　ア　家庭と産業におけるエネルギー消費の現状と将来見込み

　　イ　日本の主要なエネルギー資源の自給率，輸入量，輸入国

　　ウ　世界におけるエネルギー資源の生産量，確認埋蔵量，開発可能性

　　エ　発電方法（再生可能エネルギーを含む）の種類とそれぞれの発電量の比較

　　オ　発電方法（再生可能エネルギー含む）の種類とそれぞれの地域的分布（立地条件）

　　カ　各発電方法（再生可能エネルギー含む）の長所と課題（コストと電気の質含む）

　　キ　エネルギーの大量消費に伴う環境問題と資源の枯渇

　　ク　省エネルギーの方法・技術とその効果

　エネルギー消費とエネルギー供給の持続可能性を追究するためには，特にエネルギー供給コストあるいはエネルギー供給の経済性を客観的に検討することが重要である。なぜなら，コストが高くなれば消費量は少なくなり，生産量も少なくなって，エネルギー消費とエネルギー供給が持続可能でなくなるからである。

　電気の場合，発電方法別の発電コストを検討することは重要である。地理的に発電所の立地を考えることは，結局は発電コストを考えていることになる。立地条件の悪い所では，結局種々のコストがかかることになるからである。発電をするためのコストにはいろいろな種類があるが，それらを総合することによって発電方法別の発電コストを比較することができる。例えば電気の場合には，発電所を建てる土地の価格と面積，発電所を建てるためにその土地に住む人に立ち退いてもらう費用・補償，発電所を建てた地域への補

第2章　社会科・総合学習におけるエネルギーの授業づくり　25

償，発電所の建設費用，発電所で働く人に支払う賃金，発電に使う燃料や水などの費用，発電所の点検をするための費用，発電施設の修繕費，発電のための環境対策費，発電によって生じた廃棄物（二酸化炭素を含む）の処理費などがある。電気の場合には，1kWh（キロワットアワー）当たりの発電費用によって，発電方法別の発電コストを比較することになる。どの発電方法を主にするかを選択する一つの方法は，コストの低い発電方法による発電施設を増やすということである。

　持続可能なエネルギー供給体制を検討する上で，コストとともに考えなければならないのはリスクである。リスクとは，予測できる，あるいは，予測しなければならない危険性のことである。石油ショックは，石油輸入地域の政治的・軍事的不安定さというリスクを考慮しておらず，石油火力発電に偏った発電体制をとっていたために，被害がより大きくなったと考えられている。地震や台風など自然災害による発電施設の被害もリスクである。資源輸入国との国際関係もリスクに含まれる。また，国際的なエネルギー資源の価格変動もリスクである。リスクに対応する最も重要な方法は，リスク分散である。例えば，発電方法を一つに限定せずに多様な発電方法を用いることは，リスク分散になる。

　コストを考えることとリスクを考えることは，ある意味で正反対の判断をすることにもなる。コストの低下のみを考えると，ある方法のみに偏ることになり，リスク分散ができなくなるからである。逆に，リスク分散のみを考えると，コストの高い選択をすることになる。発電方法の選択をめぐって，子どもにベストミックスとは何かを追究させるとき，エネルギーの安定供給のコストとリスクの双方を考慮させることが必要である。

〔参考文献〕────────
○資源エネルギー庁『エネルギー白書』2013
○文部科学省『中学校学習指導要領解説社会編』日本文教出版，2008
○山本隆三『脱原発は可能か』エネルギーフォーラム新書，2012

（山根　栄次）

第3章 エネルギーの安定供給を考える授業づくり

第1節
エネルギーの安定供給の仕組みを考える授業
（小4　社会）

1　授業づくりの意図

（1）　中学年社会科における電気を教材としたエネルギー授業

　本実践は，小学校学習指導要領の第3学年及び第4学年の内容（3）ア「飲料水，電気，ガスの確保や廃棄物の処理と自分たちの生活や産業とのかかわり」に対応している。「内容の取扱い」では，飲料水，電気，ガスの中から選択して取り上げることが明示されており，教科書では，飲料水を中心に取り上げられることが多い。これは飲料水が，生産から消費までを実際に見ることが可能であり，子どもたちが実感をもって学習できるからである。飲料水に比べ，電気はそれ自体を見ることができず，実感をもって学習することが難しい。ここに電気を教材として取り上げることの困難さがある。

　東日本大震災以降，持続可能な社会に向けて，エネルギーをどのように安定供給していくかという課題の重要性も大きくなっていくと考える。したがって，中学年社会科において電気の安定供給を授業で取り上げる必要性があると考えた。

（2）　送電に着目して電気の安定供給の仕組みを考える授業

　本実践における子どもたちは，3年生の時に地域学習の一環として，主に発電に着目し，電気の安定供給の重要性を実感させるために次のような過程で授業を受けている（授業者は石田智洋教諭）。以下に授業の概要を示す。

第1に，電気の使われ方を実感できるように家庭，学校，地域における電気の使われ方について調べる。第2に，電気の作られ方を実感できるように，中部電力の出前教室を利用して発電の仕組みを理解するために模型を使った実験を行う（コラム1参照）。第3に，電気の安定供給を実感できるように，四日市火力発電所の見学を行い，働いている人たちに質問をする。第4に，電気の安定供給の重要性を実感できるように，地域に電気を安定供給させるために発電所で働いている人たちの仕事に対する思いについて考える。電気の安定供給の重要性への考えは3年生の学習で深まっていると考えた。

本実践では，小学校4年生の社会科において，電気の安定供給の仕組みを考えるために主に送電に着目する。電気の安定供給のために，送電は発電と共に重要な役割を担っている。送電は，発電と消費の中間にあたり抽象性が高い内容である。送電は変電所などの施設を見学しても電気の流れが実際に見えるわけではなく，子どもたちが実感を持ってとらえることが難しい。

効率的に電気を大量に遠くまで送電するため，発電所で作られた電気は27万5千Vや，50万Vといった高い電圧に変換される。しかし，高い電圧では，工場や家庭では使えないため，超高圧変電所，一次変電所，二次変電所，配電用変電所，柱上変圧器といった施設・設備によって順次下げていく。また，給電制御所において，電気の流れを24時間監視・コントロールし，電圧を常に一定に保つ一方で，電気は大量に蓄えることができないため，中央給電指令所において，翌日の電気の使用量を予想し，発電量を決定している。

電圧が不安定な質の悪い電気では工場の操業が止まったり，家電製品が動かなくなったりと，社会生活に大きな支障をきたす[1]。送電は，様々な施設・設備で働く人々の工夫や努力により，電圧が一定に保たれた良質な電気を安定して消費者に送っており，電気の安定供給に重要な役割を担っている。

2 授業の概要

（1）　送水の仕組みのアナロジーから送電の仕組みを考える

子どもたちが実感を持って送電の仕組みを考えるために，送電の授業の前段階として飲料水の授業を行う。水源地から蛇口までの水道の送水の仕組みは，発電からコンセントに届くまでの送電の仕組みと大枠で似ている。そこで，送水の仕組みをアナロジー（類推）として用いることで子どもたちが実感しにくい送電の仕組みをイメージできると考えた。

　飲料水の授業では，「『水の旅』を作ろう」という学習課題を提示して取り組んだ。子どもたちは，教科書や社会見学で訪れた水沢浄水場で職員の方から聞いた話などをもとに水源地から蛇口までの送水の過程を示す『水の旅』を作成した（写真３－１参照）。『水の旅』を作成する中で，様々な施設や設備を経由して水が届くこと，飲めなかった水が途中の施設で飲めるように変化すること，ダムから水が３日程度で蛇口まで届くこと，水沢浄水場の中央監視室が無人であり，離れた場所にある北勢水道事務所から監視していること，北勢水道事務所で働く人たちが「安全な水を安定して送りたい」という思いを持って仕事に取り組んでいることなどに気づくことができた。

　送水の過程において水源地から蛇口に向けて，水道管は細くなり流れる水は少なくなるという量の変化と，飲めない水から飲める水に変わるという質の変化があった。これらはアナロジーとして送電に活用できると考えた。

　この『水の旅』の作成を通して飲料水の学習を終えた後に，送電の授業を行った。送電の授業では『水の旅』と同様に『電気の旅』の作成を学習課題として提示した。『水の旅』をアナロジーとして用いて，送電の授業でも送

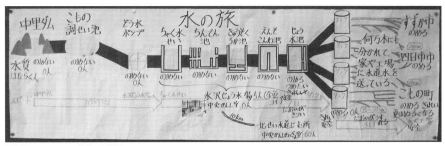

写真３－１　『水の旅』

電の経路を子どもたちが調べ、『電気の旅』を作成した（写真3－2参照）。

　送電の過程においても、発電所からコンセントに向けて送水と同様に様々な施設や設備を経由する中で電気の量と質（電圧）が変化することがわかった。また、水と電気は届く時間が異なるという違いにも気づくことができた。

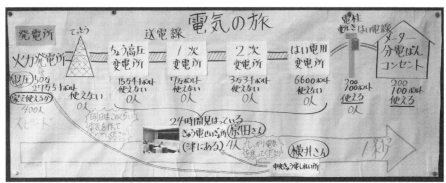

写真3－2　『電気の旅』

　『電気の旅』の作成に向け、送水のアナロジーをどのように用いたのかを示すと、表3－1「『水の旅』と『電気の旅』の相関関係」のようになる。

表3－1　『水の旅』と『電気の旅』の相関関係

『水の旅』	『電気の旅』
送水の経路 （ダム→浄水場→家庭）	送電の経路 （発電所→変電所→家庭）
送水を監視する施設 （北勢水道事務所）	送電を監視する施設 （三重給電制御所）
送水の経路における水道管の太さ （太い・水量多→細い・水量少）	送電の経路における電線の太さ （太い・電気多→細い・電気少）
水質の変化（飲めない→飲める）	電気の質の変化（使えない→使える）
経路上にある施設と働く人の数 （浄水場の中央監視室は無人である）	経路上にある施設と働く人の数 （変電所は無人である）
水の届く速さ（約3日）	電気の届く速さ（約1秒以下）

※筆者作成

（2）「電気を送る人たちの仕事」の単元構成（全11時間）

　本授業は2014年に四日市市立泊山小学校で実践した。送水の仕組みをアナロジーとして活用して，電気を安定供給するための送電の仕組みについて実感を持ってとらえることができるように，単元では次のような段階を子どもたちに追究させた。単元では，送電を行うための工夫や努力について考えることを通して，電気の大切さを子どもたちが意識し，エネルギーを大切に使用するという持続可能な社会をめざす資質を育んでいきたいと考えた。

第1段階…電圧は変化するものであり，電圧には高低があることをとらえる。
　　　　（4年生の段階で電圧は，「電気を流す力」ととらえる。）

第2段階…発電所からの送電時の電圧は高く，そのままでは家庭や工場では
　　　　使えず，様々な施設や設備を経て電圧を下げていることをつかむ。

第3段階…電圧が一定の良質な電気を地域に安定供給するために，送電に関
　　　　わる施設で働く人々が行っている工夫や努力について考える。

第4段階…使いたい時に使えるように，様々な工夫や努力によって送電され
　　　　ている電気を大切に使うことが必要であることについて考える。

　次に具体的な単元構成を示す。単元構成にある「送水のアナロジーの活用」は，抽象的な送電の仕組みについて実感を持ってとらえるために，送水のアナロジーをどのように活用したかを示す。

ア　単元目標「電気を安定供給するための送電の仕組みについて実感を持っ
　　てとらえ，送電に携わる人たちの工夫や努力について理解し，自分たちが
　　電気を大切に使うことが必要であることについて考えることができる」

イ　単元計画（11時間）

　第1時から第6時までは，送水のアナロジーを用いることで送電の仕組みについて実感を持ってとらえられるように授業を進めてきた。第7時からは，電気が光の速度で届くという高速性と，長期間大量に溜めておくことができない消耗性という2つの電気のエネルギーとしての特質から，飲料水の授業とは異なった電気独自の安定供給における工夫や努力について考える授業を展開している。

過程		学習内容	主な発問・指示	主な児童の発言・疑問	送水のアナロジーの活用	資料
第1段階	1時	○『電気の旅』の作成	○「電気はどこから出発してどんな場所を通ってコンセントまで届くのだろう」	○「去年見学した四日市火力発電所から来る」「電気は変電所を通って来る」	○水が様々な場所を通って来ることから，電気も様々な場所を通ると予想できた。	○教科書○社会科副読本
	2時	○手回し発電機を使った実験	○「変電所は何をする所だろう」○「電圧とは何か手回し発電機の実験で確かめてみよう」	○「変電所で電圧を下げている」○「電球の光が強くなれば電圧は高く，弱くなれば低い」「光がチカチカすれば電圧が不安定」「安定した電気を作るのは難しい」	○水が浄水場を経て「飲めない」から「飲める」に変化することから，電気も一定ではなく，変電所を経て「使えない」から「使える」に変化するのではないかと予想できた。	○教科書○社会科副読本
第2段階	3時	○変電所の役割	○「変電所はどうして電圧を下げるのだろう」	○「最初は50万や27万V。こんな電圧が来たら大変」「色々な変電所で電圧を下げる」	○水と同様に電気も様々な施設を経由して使えるように変化すると予想できた。	○中部電力の送電経路の資料
	4時	○『電気の旅』への追記	○「電圧の数値，電気の届く速度，施設で働く人数などを『電気の旅』に書き加えよう」	○「電気は1秒で地球を7周半する」「どうやって電圧を下げているのだろう」	○高速で地域に届く電気を使用可能にするためには，水とは異なる工夫が必要ではないかと疑問を持つことができた。	
	5時	○変電所の仕組み	○「変電所ではどうやって電圧を下げているのだろう」	○「電気が来て，ボタンを押して電圧を下げるのでは間に合わない」「浄水場みたいに監視していて無人ではないだろうか」	○浄水場の中央監視室が無人であることから，変電所も無人で自動で電圧を下げているのではないかと予想することができた。	
	6時	○三重給電制御所で働く人	○「三重給電制御所のAさんはどんな思いで仕事に取り組んでいるのか手紙から考えてみよう」	○「北勢水道事務所の人と同じように安定して送りたいと思っている」「停電になったらすぐに直せるように緊張しながら取り組んでいる」	○北勢水道事務所で働く人の思いをもとに，Aさんも電気を安定供給するため責任感を持って取り組んでいると考えることができた。	○中部電力三重給電制御所の資料○三重給電制御所のAさんからの手紙

段階	時					
第3段階	7時	○中央給電指令所の役割	○「必要な電力を予想して発電量を決める中央給電指令所のBさんの仕事について考えてみよう」	「毎日正確に予想しているなんてすごい」「予想を間違えたら停電になる。Bさんの責任は重い」「毎日正しく予想できるのだろうか」	○電気は1秒で届いてしまう。水のようにダムで溜めることはできないから、毎日使う分だけ発電しなければいけないのではないかと疑問を持つことができた。	○中部電力中央給電指令所の資料
	8時	○中央給電指令所のBさんの仕事	○「日本対コロンビア戦のあった2014年6月25日の1日の電力需要を1時間ごとに予想してみよう」○「実際の電力需要と比べてみよう」	「試合が始まる5時から電気を使う量は増えたと思う」「この日は30度まで気温が上がったから昼にクーラーをつける人が増えたと思う」「全然当たらなかった」「Bさんはすごいな」「経験があるから予想が当たる」		○サッカーワールドカップのあった6月25日の天気と気温の資料○中部電力HPにある電力需給状況の資料
	9時（本時）	○電気が不足しない工夫	○「予想が外れると困るから多めに予想して電気を作った方が良いのではないだろうか」	「停電したら病院や工場などが困るから多めに作った方が良い」「電気が余ると会社が損をする」		
	10時	○電力会社の工夫	○「Bさんが"停電になったら大変なので常に8〜10％多めに発電できるように準備している"ことについてどう思いますか」	「停電は絶対に起こしてはいけないから多め作れる準備をしている」「電気を安定して届けるために多めに作れるようにしている」		○中央給電指令所のBさんからのメール
第4段階	11時	○これからの自分たちの行動	○「私たちは電気をどのように使うべきだろうか」○「節電をしたら会社は困るのか？」○「電気をどのように使えば良いか考えをまとめよう」	○「無駄使いしない」○「節電すると儲けが減り会社が潰れる」「節電は会社にとっても得なはずだ」○「停電になると会社も困る」「電気は大切に使おう」	○水と同じように働く人たちの工夫や努力のおかげで電気は送られているから、大切に使った方が良いと考えることができた。	

第6時では三重給電制御所のAさんからの手紙，第10時では中央給電指令所のBさんからのメールを資料として活用した[2]。

資料1　Aさんからの手紙
　私は，津にある給電制御所という所で働いています。私は給電制御所でパネルやパソコンを見て，てい電になっていないか，電圧が一定になっているかをチェックしています。ここには私を入れて4人しかいません。4人で黒板より大きなパネルを見はっています。
　私たちが送っている電気は発電所からやってきます。電気は，水とちがって発電所で作られてから1秒でコンセントまでとどきます。ためることができません。だから，次の日に使う電気の量を前の日の午前中に予想して発電所に伝えます。
　この予想は中央給電指令所というところでしています。Bさんという人が予想しています。三重県中の人が何時にどれくらいの電気を使うのかと，予想するのはすごくむずかしいそうです。予想が外れると大変です。予想した電気の量が少ないと電気が足らなくなって，てい電になってしまいます。予想した電気の量が多すぎると，電気があまってしまいます。Bさんは予想の名人です。この前のワールドカップ「日本対コロンビア」の試合があった日に使われた電気の量もかんぺきに予想することができました。
　Bさんが予想して発電した電気を工場や家にとどけるのが私たちの仕事です。私たちは24時間パネルやパソコンを見はります。2チームでこうたいしながら見はります。1チームが朝の9時から夜の7時10分まで，もう1チームが夜の7時から朝の9時10分までです。ねむいときもありますが，ぜったいねむらないようにしています。いつカミナリが落ちて，てい電になるかわからないので，ずっときんちょうしています。
　もし，てい電になったら1秒でも早くなおして工場や家に電気がとどくように，切れていない他の送電線に電気を通して工場や家まで電気が通るようにします。私は，三重県中の送電線がどこを通っているのか，暗記しました。ものすごく大変でしたが，何度も紙に書いておぼえました。それに，てい電をなおすためのくんれんもたくさんしました。せんぱいに「もっといそげ！」とか「前のくんれんと同じまちがいをするな！」とおこられましたが，そのおかげで今では，もしてい電がおこっても，30分くらいで直すことができるようになりました。
　てい電を早くなおしてお客さんから「ありがとう，たすかったよ」と電話でいわれるととてもうれしいです。てい電を無事になおして，一日の仕事が終わったとき，「やった─！」とうれしい気持ちになります。

　資料2　Bさんからのメール
　4年B組のみなさん。ごていねいなメールありがとうございました。
　みなさんの質問にお答えします。みなさんは，電気があまってもだいじょうぶな工夫があると予想していましたね。答えは，あまらないようにギリギリで予想して発電して

います。でも急に気温が上がってみんながクーラーをつけたりして電気をたくさん使うと，電気が足りずに，てい電になってしまいます。てい電になったら大変です。なので，私たちの会社では，いつも8〜10％多めに発電できるように準備していて，ぜったいにてい電にならないように工夫しています。

　例えば，自転車をこぐ力を発電する力と思ってください。みなさんが，友だちの家に向かうとき，ふつうに自転車をこいでいますよね。でも別の友だちとばったり出会って，話しこんでしまい，まち合せの時間に間に合わないとなると，全力で自転車をこぎますよね。このように，電気が足りなくなったら，いつでも発電する力をふやせるようにしています。

　私たちは，いつでも予想より多くの電気が使われてもいいように，多めに発電できるように，じゅん備をしています。

（3）　第9時（本時）の指導案

　送電における工夫や努力の中で，子どもたちは翌日の電力需要を予想する工夫の重要性と困難性に気づくことができた。消費者と電力会社の双方が損をしない工夫こそが電気を安定供給するための仕組みの要であると考え，消費者と電力会社の双方の立場から工夫について考える第9時を本時とした。

	学習内容	主な発問・指示	学習活動	指導上の留意点	資料
導入	○中央給電指令所の仕事	○「中央給電指令所のBさんはどんな仕事をしていただろうか」	○前時までに学習した中央給電指令所の仕事を振り返る。	○児童が体験した電力需要予想の困難さや，停電した時の被害などを振り返らせる。	○中部電力中央給電指令所の資料
展開	○中央給電指令所の電力予想	○「予想が外れると困るから多めに予想して電気を作った方が良いのではないだろうか」	○多めに予想して発電した時のメリットとデメリットを考え，発表する。	○「停電したら病院や工場などが困るから多めに予想した方が良い」という私たちの立場と，「多めに予想して電気が余ると損をして困る」という電力会社の立場，両方を考えさせる。	
		○「損をしないような工夫があるのではないだろうか」	○損をしない工夫を具体的に考え，発表する。	○この両方を納得させる工夫があるのではないかと予想させる。	
まとめ	○中央給電指令所の工夫	○「中央給電指令所のBさんにメールを出して聞いてみよう」	○Bさんに停電させずに会社も損をせずに予想する工夫を尋ねるメールを作る。	○停電させずに，会社も損をせずに予想する工夫について，児童が予想したことをメールに書かせ，Bさんに読んでもらう。	

第3章　エネルギーの安定供給を考える授業づくり　35

3 授業の成果と課題

　本実践は３年生の時に実践した電気の安定供給の重要性を実感させる発電の授業を基盤とし，４年生において送水のアナロジーを用いることで，電気を安定供給するための送電の仕組みについて実感を持ってとらえ，送電に携わる人たちの工夫や努力について理解し，自分たちが電気を大切に使うことが必要であることについて考えることができることを目指したものである。

　次に本実践における成果を示す。第１に，送水をアナロジーとして用いたことで抽象的な送電の仕組みについて実感を持ってとらえることができたことである。具体的には，『水の旅』を作成したことで，送水をアナロジーとして用い，『電気の旅』の作成において送電の仕組みを短時間で考えることができた。また，子どもたちは，監視する施設，送電線の太さ，電気が「使えない」から「使える」に変化する場所，施設と働く人の数，電気の届く速さなど，『水の旅』のアナロジーを使って送電の仕組みにおける重要なポイントを見出すことができた。目で見ることができず，イメージしにくい変電所で電圧を段階的に下げていく過程も，水源地から蛇口まで水量が段階的に少なくなっていく送水の過程をアナロジーとして用いることで実感を持ってとらえることができた。

　第２に，高速性という電気独自の特質に着目し，送水とは異なる送電の工夫や努力について理解を深めることができたことである。変電所で電気が「使えない」から「使える」に変化するのだろうと授業で予想した時に，「電気はすごく速いから手動で電圧を下げるのは無理だと思う」，「ボタンやレバーを操作するのでは間に合わない」，「手動では水みたいに安定して送ることはできない」という電気の高速性についての意見がでた。ここから浄水場の中央監視室が無人で，別の場所にある北勢水道事務所から監視していることをアナロジーとして用いることで，変電所も「きっと自動で電圧を下げているはず，自動なら無人でも大丈夫」，「無人だけど浄水場みたいに別の場所から監視しているのではないかな」，「監視していなければ故障して電圧が変わっ

たときにわからない」といった意見がでた。子どもたちは送水のアナロジーだけでは説明できない電気の高速性に着目することで，変電所では自動で電圧を下げ，資料１にあるように別の場所にある給電制御所のＡさんが電圧を監視しているという工夫について考えることができた。

　第３は，消耗性という電気独自の特質に着目し，送水とは異なる送電の工夫や努力について理解を深めることができたことである。「電気は１秒で届いてしまう，水のようにダムで溜めることはできないから毎日使う分だけ発電しなければいけないのではないだろうか」という電気の消耗性についての課題から，翌日の電力需要を予想して発電量を指示する中央給電指令所のＢさんの仕事について考えた。子どもたちからは，「もし予想が間違ったら電気が足らなくて停電してしまう」，「毎日使う電気の量は変わるのに正しく予想できるのだろうか」といった意見が出た。Ｂさんの予想が外れると停電が起こるというとらえから，「予想が外れると困るから多めに予想して電気を作った方が良いのではないだろうか」という本時の課題を設定することができた。本時では「停電すると病院や様々な人たちが困る」といった多めに予想すべきという意見と，「電気が余ると会社が損をする」といった多めに予想すべきではないという意見が出た。また，「余った電気はどこかに売るのではないか」，「停電しない仕掛けがあるのではないか」，「実は損をしない工夫があるのではないか」といった意見が続いた。資料２で示した中央給電指令所のＢさんからの「電力会社は少し多めに電気を作れるようにしている」というメールから，子どもたちは「使いたい時に使えるように電気を安定して届けるために少し多めに作れるようにしていることがわかった」とまとめることができた。送水のアナロジーだけでは説明できない電気の消耗性に着目することで，停電にならないように８〜10％多めに発電できるように準備しているという中央給電指令所の工夫について考えることができた。

　以上から，子どもたちは送水のアナロジーを用いることで送電の仕組みについて実感を持ってとらえ，送水のアナロジーを用いることで高速性と消耗性という水とは異なる電気の特質を見出し，高速性と消耗性に関わる送電の

第３章　エネルギーの安定供給を考える授業づくり　37

工夫や努力について理解できた。そして「送電に携わる人たちの工夫や努力によって電気が届けられている」という事実から，単元の終末において持続可能な社会を目指す上で必要な電気の大切さについて考えることができた。

課題としては，児童が持続可能な社会について考えを深める時間が少なかったことである。本実践は電気の安定供給の仕組みをとらえることを目的としていたため，電気の安定供給という面から持続可能な社会について考える余裕がなかった。しかし，電気を持続的に安定供給することは現代社会において必要不可欠である。電気を今後も持続的に安定供給することに関しては課題も多い。いずれ枯渇へ向かう石油や天然ガスといった資源の安定的な確保や，火力発電や原子力発電に伴う環境への負荷の軽減といった問題が未解決のままになっている状態である。今後，エネルギーを持続的に安定供給するための工夫や努力について考える授業を実践していきたい。

〔注〕
（1）授業では，子どもたちの発達段階から電気の質として電圧のみを取り上げたが，本来は周波数も安定供給に欠かすことのできない要素である。
（2）Ａさんの手紙とＢさんのメールは，筆者が三重給電制御所を見学し，中部電力三重支店総務部のスタッフへの質問・回答をもとに作成した。

〔参考文献〕
○佐島群巳，高山博之，山下宏文編『エネルギー環境教育の学習用教材　小学校編』国土社，2004
○佐島群巳，高山博之，山下宏文編『教科学習におけるエネルギー環境教育の授業づくり（小学校編）』国土社，2009

（萩原　浩司）

エネルギーの安定供給と工業生産の関係を考える授業

(小5　社会)

 授業づくりの意図

(1) 工業単元と電力

　本単元は，これまで第5学年の社会科で取り上げてきた内容である「工業製品が国民生活を支えていること」,「工業生産や工業地域の分布」,「工業生産に従事している人々の工夫や努力」を関連させ，2014年に，エネルギーの安定供給の重要性を工業生産との関係の中で考えられる授業として構想し，社会科エネルギー授業として実践したものである。

　本単元は，小学校学習指導要領の第5学年社会科において，内容(3)「我が国の工業生産について…（中略）…国民生活を支える重要な役割を果たしている」にあたる。具体的な教材として，中京工業地帯において自動車製造を行うトヨタ自動車およびその関連工場を取り上げる。工業単元における社会科エネルギー授業として，組立工場における製造の様子とその関連工場とのつながりを学習していく際に，特に製造の様子を取り上げるときに必要となるエネルギーとのかかわりに着目した。

　本単元を実践した子どもたちの生活する中京工業地帯では自動車製造が盛んである。豊田市周辺のトヨタ自動車，鈴鹿市周辺の本田技研工業などが操業をしている。自動車工場などさまざまな工場がスムーズに製造するためには，電力などのエネルギーが必要不可欠となる。中京工業地帯の電力需要を支える中部電力は，新名古屋・川越・四日市などの火力発電所等で発電し，電力を企業に提供している。車1台を製造する時に使う電力は，家庭で1ヶ月使う電気の2.8倍以上であり，多くの電力を使いながら工場が操業し続けている。

　自動車工場が操業をはじめた1929（昭和4）年当時は何人もかかって自動車製造に取り組んでいた。この時期は，国産自動車の製造に成功するか否かの萌芽期であり，途中火花が飛び散ったり，爆発を起こしたりする様子も

見られた。しかし，トヨタ自動車創業者の「国産自動車をつくりたい」という強い思いから，何人もの手で自動車を製造していた。

　しかし，現在では，自動車の骨組みがベルトコンベヤーに吊るされ，流れ作業の中で製造ラインが稼働したり，機械化やロボット化の進む中で溶接や塗装がなされたりする。多くの自動車を短い時間で効率よく確実につくるために，様々な工夫がなされてきる。それに伴い，年々電力使用量も増加している。

（2）　工業単元における社会科エネルギー授業の構想

　本単元ではトヨタ自動車の操業当時と現在の自動車製造の様子を比べ，電気などのエネルギーが必要となってきたことに気づかせる。そして，電気エネルギーが主に火力発電においてつくられ，工場に送られていることを模式図や実験を取り入れて理解させる。また，火力発電の燃料源についても考える。教科書では主な燃料源となっているLNG（液化天然ガス）は，日本ではほとんど採掘することができず，主にオーストラリアやインドネシア，マレーシアから輸入していることが示されている[1]。日本は鉄などの原料やエネルギー資源を外国から輸入し，自動車などの工業製品を輸出する加工貿易を行っている。しかし，日本製品の大量輸出により，相手国の製品が売れなくなったり，相手国での就業先が少なくなったりする貿易摩擦が問題となってきた。そのため，各自動車会社では海外で生産するようになり，現在本田技研工業や日産自動車などでは全体の8割程度を海外で生産している。

　トヨタ自動車では6割程度の海外生産にとどまっていて，全体の38％も国内で生産している状況である。火力発電の燃料であるLNGを海外から輸入したり，貿易摩擦を生じたりしている状況をもとに，本単元では，トヨタ自動車はもっとLNGのあるオーストラリアやマレーシア，インドネシアで車をつくればよいのではないかという学習課題について考えを深める。子どもたちにはエネルギー資源が採掘できても，効率よく安定的に電力を供給する発電所がないと工場の操業に影響を与えるのではないかということについ

て考えさせたい。また，エネルギー問題だけでなく，貿易摩擦などの経済的な問題，輸送費や人件費の問題，企業としての考え方など複合的な課題とも向き合わせた。さらに，トヨタ自動車の社長が「もっといいくるまをつくりたい」と350万台以上の国内製造を続けていきたいと考えている背後に，安定したエネルギーを供給し続けようとする電力会社との協力がかかせないものとなっていることについても考えを深めさせたい。

　第5学年の工業単元において，自動車製造のような，これまで私たちの身の回りにある工業生産の様子とそれを支えるエネルギー資源の働きは，別々に扱われることが多く，工場を動かすのに必要なエネルギーについて具体的に学ぶことは少なかった。工業生産を扱う際，必要不可欠なエネルギー資源をどこからどう輸入し，どのような発電所で安定供給されるのか考えることで，子どもたちはエネルギーの安定供給の重要性を意識することにつながる。

　持続可能な社会の実現に向けて主体的に考えていくためには，私たちと身の回りの工業製品がつながっていること，そしてそれらの製品を生産する時に必要となるエネルギー資源が世界のいろいろな国から輸入されていることを具体的に学ぶことが大切である。

　また，エネルギーが安定供給されるのか否かについて，子どもたちが一見気づいていないことであっても，判断を行う場面も大切である。ただ，工場を動かすのに必要なエネルギーがどのくらいなのかについて子どもたちがより実感できるためには，エネルギー教育を系統的に学ぶことが求められる。したがって，本単元は，中学年社会科におけるエネルギー授業を基盤とすることが望ましい。

　三重・社会科エネルギー教育研究会では，主に地域の発電に着目した「電気の安定供給の重要性を実感できる中学年社会科の授業開発」（小3社会），送電の仕組みに着目した「電気の安定供給の仕組みを考える中学年社会科の授業開発－水道の送水のアナロジーを送電に用いて－」（小4社会）を開発している（3章1節参照）。これらの単元と関連させて実施するとより効果的である。

授業の概要

(1) 単元目標と指導計画 (18時間)
　第5学年の単元「トヨタ自動車の挑戦－自動車工業を支える人・モノ・エネルギー」(18時間) を構想し，2014年に四日市市立泊山小学校で実践した。

① 目標
・愛知県豊田市における自動車工業について，意欲的に調べることができる。わたしたちの生活を支える工業生産が環境に配慮した形で効率的に発展してきたことを考えようとしている。　　　　　　　　　(関心・意欲・態度)
・調査や見学から自動車工業にかかわる仕事の特色や問題を見出して追究・解決し，学習問題について予想したり考えたりしたことをもとに，工業生産に電気や資源などのエネルギーが重要な役割を果たしていることを考え，表現している。　　　　　　　　　　　　(社会的な思考・判断・表現)
・自動車組み立て工場の様子や関連工場とのつながり，工業生産に従事している人々の工夫や努力，環境にやさしい自動車作りをしていることなどについて，見学やインターネット，地図や統計など，各種の基礎的資料を効果的に活用して具体的に調べ，調べた過程や結果をノートや作品にまとめている。　　　　　　　　　　　　　　　　　　(観察・資料活用の技能)
・自動車の生産工程や働く人々の工夫や努力，自動車がいくつもの関連工場が結びついてつくられていること，新しい自動車づくりが行われていることをとらえている。　　　　　　　　　　　　(社会的事象についての知識・理解)

② 指導計画
　単元では，自動車製造とその際に必要となるエネルギーを関連させて指導するため，現在の自動車製造に大量のエネルギーが必要となることを図や実験を用いて理解できる段階を取り入れた。また，安定供給されるエネルギーをどこでどう獲得できるのか考えられる場面も位置付けた。
　第1時は，1928年 (昭和3年) 頃と現在の東京駅の写真から自動車が普及してきたことを知る。工業製品の登場によって，昔と今でどのように私た

ちの暮らしが変わってきたのかを話し合う。

　第2時は，工業製品の中で自動車を取り上げる。自動車の登場によって暮らしにどのような影響があるのか具体的に話し合う。工業製品ごとに分類すると，自動車はどのような仲間に分けられるのか調べまとめる。自動車をどのようにつくっているのか，昔と今の製造方法を比較し，予想する。

　第3時は，テレビドラマ『リーダーズ』(2) を見て，日本で自動車製造が始まった頃の様子から感じたことや思ったことをまとめ，発表する。

　第4時は，今の自動車製造の様子を資料と映像から知る。昔と今の自動車づくりを見て気づいたことを発表する。昔は手作業で行っていたのに対し，今は機械やロボットを使って製造しているところが多いことに気づく。

　第5時は，多くの自動車をつくるためには，電気などのエネルギーが必要であることを知る。工場では，一般家庭より多くの電力を使用することに気づく。エネルギーについてわからないことや知りたいことを明らかにする。

　第6～7時は，工場で使う電気はどのように作っているのか火力発電の模式図や実験セットの写真，下敷きのワークシートの図から知る。電気の燃料源はどこからやってきているのかを考える。

　第8～9時は，自動車は，すべてがトヨタ自動車の工場だけでつくることができるのか予想する。車のエアコン部分を例に第1次関連工場や第2次関連工場と組立工場の関わりについて考える。組立工場の周辺には，関連工場やその他の工場があることに気づき，地図にまとめる。

　第10～11時は，トヨタ自動車の社長が，繰り返してきた言葉「もっといいくるまをつくろうよ」から，自動車を作るために，働く人々のアイデアにより製造方法の改善や，効率の良い製造の工夫が行われていることに気づく。

　第12～13時は，インドネシアのトヨタ自動車の写真を見せる。LNGや石油は，大半が外国からの輸入であるのなら，トヨタ自動車は，LNGがあるオーストラリアやマレーシア，インドネシアでもっとつくればいいのではないかについて考え，話し合う。

　第14～15時は，火力発電の小型模型装置を招いて発電の仕組みについて

第3章　エネルギーの安定供給を考える授業づくり　43

期	時	学習内容	主な発問・指示	学習活動	留意点[持続可能な視点]	資料
導入（工業製品の登場）	1	○1928年頃と現在の比較	○「1928年頃と現在の東京駅の写真から気づいたことはありますか」	○写真から読み取れることを発表する。	○1928年頃から自動車が走っていることに気づかせる。	○「1928年頃と現在の東京駅の写真
			○「昔と今でどのように私たちの暮らしがかわってきたのでしょうか」	○ワークシートに自分の考えを記す。 ○自分の考えを発表し、友だちの考えと聞き比べる。	○時代のうつりかわりとともに工業製品が増え、効率的に安価で求められるようになったのではと予測させる。	
展開（自動車製造とエネルギー）	2	○自動車の登場によるくらしの変化の予想	○「自動車の登場によって暮らしにどのような影響を与えるのでしょうか」	○写真から予想したことや考えたことを発表する。	○移動が容易になったり、遠くまで出かけられたりする、移動時間が短縮されたり、道路なども舗装されたりしたことに気づかせる。	○「1928年頃と現在の東京駅の写真
	3 4	○ドラマ『リーダーズ』の視聴	○「自動車製造がはじまった頃の様子から感じたことや思ったことを発表しましょう」	○TVドラマ『リーダーズ』から自動車製造の様子を視聴する。 ○映像から感じたり思ったりしたことを発表する。	○火花が飛び散って危険な場面や、手作業が多く、製造時間がかかることを考えさせる。 ○今は機械やロボットが活躍しているため、電気代がかかるのではないかと考えさせる。	○TBSテレビドラマ『リーダーズ』映像
	5	○自動車製造と電力	○「家庭で1か月に使う消費電力と自動車を製造する時の消費電力を比べましょう」	○消費電力の比較	○車1台製造する時に使う電力は家庭で1か月に使う消費電力の2.8倍以上であり、多くの電力を使うことに気づかせる。	○ワークシート
	6 7	○工場で使う電気の製造	○「工場で使う電気はどうやってつくっているのでしょうか」	○火力発電の模式図や火力発電の小型模型実験セットの写真、「電気はどこからやってくる」下敷きのワークシートから送電のしくみに気づく。	○火力発電のもととなる「燃料」であるLNG（液化天然ガス）の輸入先を扱うことで、組み立てをどうして輸入先で行わないのかについて、児童の視点を向けさせる。	○写真 ○下敷きのワークシート
	8 9	○組み立て工場と第1次・第2次関連工場のかかわり	○「自動車は組み立て工場だけで製造することはできるのでしょうか」	○第1次・第2次関連工場の役割と組み立て工場の役割、ジャストインタイムの仕組みに気づく。	○1台の車を製造するために5万個以上の部品を1万社以上で製造することをふれ、多くの電力を使っていることに目を向けさせる。	○ワークシート ○映像『カンブリア宮殿』

44

	10 11	○工場で働く人々の工夫や努力	○「社長の言葉に応えるために社員はどんなことをしてきたのでしょうか」	○工場で働く人々のさまざまな工夫を映像を視聴し，考える。	○働く人々のアイデアにより，製造方法の改善や，効率の良い製造の工夫が行われていることに気づかせる。	○ワークシート ○映像『カンブリア宮殿』
	12 13	○日本国内で製造することにこだわる理由	○「トヨタ自動車はLNGがとれるオーストラリアやマレーシア，インドネシアでもっと自動車をつくればいいのではないか」	○インドネシアのトヨタ自動車の写真を見て気づくことを発表する。○発問についてクラス全体で話し合う。	○トヨタ社長や働く人々の思いを考えさせながら，さらに自分の考えを深める。関連工場と協力したり，安定的な電気を工場に送り続けたりする必要があることに着目させる。	○写真
	14 15	○火力発電の仕組みと化石エネルギー	○「工場に不可欠な電気をどうやってつくるのでしょうか」	○火力発電の小型模型実験セットで安定した電気をどのように供給するか実感する。○石炭，ペレットのサンプルを見る。	○日本では，エネルギー資源が少ないために外国から輸入していることを再度意識させる。○限りある資源の中で，安定した電気を供給していくことが必要であることに気づかせる。	○火力発電の小型模型実験セット ○石炭とペレットのサンプル
まとめ（工場見学）	16 17	○トヨタ自動車高岡工場およびその周辺の関連工場の見学	○「トヨタ自動車高岡工場を見学しましょう。その周辺の様子をバス車内から見学しましょう」	○ロボットや機械が自動車を製造している様子に気づく。○ジャストインタイムが実際に行われている様子に気づく。	○大きな工場を動かしていくうえで，たくさんの電気が必要となることについて，見学することから思いをめぐらせる。	○工場見学
	18	○見学の振り返り	○「見学とこれまでの学習を振り返り，どうして日本国内を中心に製造していきたいと考えているのかまとめましょう」	○レポートを作成し，クラス全体で交流し合う。	○トヨタ社長や働く人々の思いを考えさせながら考えを深めさせる。○関連工場と協力したり，安定的な電気を工場に送り続けたりする必要があることに着目させる。	○ワークシート

知る。原油模型や石炭，ウランペレットなどを見た後，化石エネルギーは限りがあることに気づく。

　第16〜17時は，トヨタ自動車高岡工場およびその周辺の様子を見学する。

　第18時は，見学を振り返り，第13時で考えたことを検証する。

（2）　工業単元のエネルギー授業の様子

　単元で特にエネルギーの持続可能性とかかわる授業の様子を以下に示す。

　①　第4時：昔と今の自動車づくり

　テレビドラマ『リーダーズ』から日本で自動車製造が始まった頃の様子を見て気づいたことを考えた。また，今の自動車製造の様子は資料集やトヨタ自動車のホームページの映像を見せ，気づいたことを考えた。昔の様子と比べた子どもたちは，昔の自動車製造の様子からは「手作業が多く，働く人の数が多い。火花も散っていて危険な部分や失敗もあったのだろう」と人が多く働く中で手作業の多さや危険性に気づくことができた。現在の様子からは「機械やロボットが活躍している。機械のする部分と人が働く部分がある。あまり失敗しないのではないか」と自動化，機械化に注目する反応がみられた。さらに「今は電気代がかかるのではないだろうか」と電力使用の増加に目を向ける反応も見られた。

　②　第6〜7時：工場で使う電気とその燃料源

　自動車製造の際，使用する電気がどこでどのようにつくられているかについてワークシートを使ってたどることとした（資料3－1参照）。ワークシートには，火力発電所で使用する燃料であるLNGがどこから輸入されているのか書き込むスペースが設けられている。石油がイラン，サウジアラビア，アラブ首長国連邦から，LNGがマレーシア，インドネシア，オーストラリアから輸入されていることを書き込んだ。LNGをどこから輸入しているかを知った子どもたちが，「わざわざLNGを輸入しなくても原産地で自動車を組み立てたらいいのではないか」という疑問をだした。この疑問を取り上げることで，組み立て工場と関連工場とが協力したり，安定的な電気を工場に送り続けたりすることが必要なのかどうか考えるきっかけにできるのではないかと予想した。その後，第12〜13時の課題につながっていく。

　まさにモノの国境を越えた広がりによってもたらされた相互依存関係とネットワークの緊密化について考えられる事例といえる[3]。

資料3-1 トヨタ自動車で使われる電気はどこでどのようにつくられるか

③　第12〜13時：トヨタ自動車の外国生産

子どもたちは，「外国（オーストラリアやマレーシア，インドネシア）でつくればいいのではないか」という考えと「日本でつくった方がいい」という考えに分かれた。前者の考えとしては，「外国で使う車だから外国でつくった方がいい」というものや「日本から車を運ぶのは輸送代がかかる」といった考え，「外国でつくった方が安くつくることができるのではないか」と経済性に目を向けた考えなどがだされた。反対に，後者の考えとしては「先人の努力があって日本で自動車をつくることができるようになったのだから，日本でつくることで，その技や思いを継承していきたいのでは」といった自動車づくりの技術やノウハウにかかわる考えがだされた。また，「外国と日本では製造方法にちがいがあり，機械化の進んだ中で製造した方が効率がよい」といったように，機械化が進んできた所で製造することのよさに注目した意見もだされた。さらに，「関連工場と組立工場が協力してつくることで無駄がなくなり，効率よく自動車を製造できる」という「ジャストインタイム」のよさに着目した考えもだされた。外国でも日本でもつくった方がいいと主張する子どもの理由は，「日本だけでつくってしまうと外国へもっていく輸送代がかかったり，外国から怒られたりする」と貿易摩擦とつなげて考えられた。

話し合いの終盤に「日本でしかできないこと・外国でしかできないことがあるのではないか」という予測が出され，日本でしかできないことは，組み立て工場と関連工場とのつながり，電気の安定供給なのではないかとねらいに迫る発言がだされた。日本では火力発電所などで電気が安定供給されていることを，第14〜15時に電力会社の方をお迎えして，お話を聞いたり実験をしたりした。

④　第14〜15時：火力発電の仕組みと限りある化石エネルギー

第13時の話し合いの中で「日本でしかできないこと」と子どもが発言したが，その1つが安定した電力を供給することである。火力発電の小型模型実験セットを用いて，火力発電所でどのように安定した電気を作っているの

かについての実験をした。子どもたちは「圧力鍋で何をしているのかなと思ったが，火力発電の仕組みがよくわかった」と答えた。また石炭やペレットのサンプルなどを見た後，これらを用いて電気を作ることができると説明を聞いた。「火力，水力，原子力の違いがよくわかった」「日本はエネルギー資源を輸入しているということがよくわかった」といった意見がでた。エネルギー資源が産出される国でも，安定的な電気を供給できる仕組みができていなければ，工場を操業し続けることはできないことに気づくことができた。

 授業の成果と課題

　本単元ではトヨタ自動車の組立工場における製造の様子とその関連工場とのつながりを特に製造の際に必要となるエネルギーとの関わりに着目して学習を進めた。子どもたちがエネルギーを実感することは容易ではない。そのため，昔と今の製造方法の違いに着目することで「機械化・自動化」の進む現在の自動車工業のなかで，大量のエネルギーが必要となってきたことについて具体的な場面の中で考えさせようとした。また，安定供給するために必要となるエネルギー資源をどこから輸入し，どう組立工場や関連工場へ電気に変えて送っているのか，図や実験を通して理解させようとした。

　学習中，子どもたちはエネルギーのことについてわからないことや知りたいことを挙げた。その中で，「中部電力では1ヶ月でどれくらいの電気を発電しているのだろう」とか「1つの発電所でどのくらいの電気ができるのだろう」という意見があるが，子どもたちはどのくらいの量のエネルギーが必要なのかという疑問をだした。電気の発電量などを実感的にとらえたいと考えていることがわかる。しかしながら，「車1台を製造する時に使う電力は，家庭で1ヶ月使う電気の2.8倍以上」といったイメージや「1ヶ月に家庭で使う電力消費量の約44000倍が1つの組み立て工場で使う電力消費量」といったイメージで紹介したが，これらが子どもたちに実感されたかといえば，課題が残った。工場で使う「大量の電力」をどうとらえさせていくかという

第3章　エネルギーの安定供給を考える授業づくり　49

課題は，いわば中学年社会科で構想・実践した「電気の安定供給の重要性を実感できる中学年社会科の授業開発」「電気の安定供給の仕組みを考える中学年社会科の授業開発－水道の送水のアナロジーを送電に用いて－」と関連させ，エネルギー教育を系統的に行っていくことが必要であることを示している。

第14〜15時に電力会社の方から発電の仕組みを学んだ。この時，実際の発電所の様子についてLNG産出国と比べられると，エネルギーの安定供給の重要性と工業生産の関係を考えられるのではないだろうか。

エネルギーは外国とのかかわりの中で「グローバルな見方」をもって考えなければならない。しかし，子どもたちが理解できるよう，具体的に学んでいくのはかなり困難なことである。本単元でいえば，組み立て工場や関連工場で使われる電力はどのくらいで，どこから送られてくるのかということに絞って考えていくことで，「グローバルな見方」につながるのではないだろうか。

子どもたちには「見えにくい課題」でも，図や実験を用いながら具体的に絞って考えていくことで「見える課題」にできると考える。

〔注〕
（1）清水毅四郎他『小学社会5年下』日本文教出版，2010，p.36
（2）『リーダーズ』は，1929年，欧米先進国よりも50年は工業技術が遅れているといわれた日本が，自動車で世界に挑もうとした人の物語である。ＴＢＳテレビドラマ『リーダーズ』2014年を参照されたい。
（3）藤原孝章「グローバル社会」日本国際理解教育学会編『グローバル時代の国際理解教育実践と理論をつなぐ』明石書店，2010，p.88

（石田　智洋）

第3章解説
エネルギーの安定供給と社会生活とのかかわりを考える

  地域へのエネルギーの安定供給を考える視点

　電気とガスはエネルギー資源を使い勝手がよいように加工した二次エネルギーである。ガスは炎を通してその存在を確認でき，臭いがあり，貯えることができる。しかし，電気は目に見えず，臭いもなく，長時間大量に貯えることができない。電気は学習者が生活の中で使用しており，身近で便利なものであるが，存在や動きを特に実感しにくい。小学校における中学年社会科と第5学年の2つの実践は，エネルギーの事例として電気を取り上げているため，その電気の安定供給の仕組みを学習者に実感に近い形で理解させる工夫が必要となる。また，目で確認できない電気を取り上げる場合，その存在や経路の様子に特に着目することが大切である。このため，エネルギーそのものの意味をとらえる視点，社会の生活の中でエネルギーを使用している視点，エネルギーが社会へ安定して供給されている視点が必要となる。

　そこで，鈴木（2009）が示した5つの視点について（第1章第2節参照），【存在】の視点にエネルギーのとらえ方，【有用】の視点に自己の生活の中で活用していることを内容に加える。また，エネルギーと社会との関係から学習者がエネルギーの安定供給の仕組みを理解することが求められる。身近な地域を対象とした地域学習と日本の産業学習では，エネルギー資源の安定確保の【有限】とその不適切な利用による環境破壊の【有害】の視点までは対象とせず，様々な施設や設備を経て社会にエネルギーを供給するという【供給】の視点，施設や設備で働く人々の活動により地域社会にエネルギーが安定して供給されているという【安定】の視点を新たに設定する。また，【保全】の視点のままでは環境の側面のみが強くなるため，社会におけるエネルギーの持続的利用を強く意識した【持続】の視点に変更する（表3－2参照）。

　この5つの視点を分析視点として，2つの実践がエネルギー（電気）の安定供給をとらえるようになっているのかを分析していきたい。

表３－２　エネルギーの安定供給を考える視点と認識

視　点	認　識
【存在】	地域において，何か仕事をする力である様々なエネルギーがある
【有用】	地域において，生活に欠かせないエネルギーが様々な場面で使用されている
【供給】	地域において，エネルギーは様々な施設や設備を通して供給されている
【安定】	地域において，エネルギーは人々の工夫や努力により安定供給されている
【持続】	地域において，エネルギーの持続的利用がなされている

※鈴木（2009, p.17）のエネルギーの認識形成の視点を参考に作成

　エネルギーの安定供給の仕組みを考える授業の分析

　第４学年の単元「電気を送る人たちの仕事」（11h）の実践は，第３学年で行った単元「わたしたちの生活と地域の電気にかかわる仕事」（11h）で発電に着目した地域学習がベースとなって実施されている。また，中学年の内容「地域の人々の健康な生活」において，水道水の授業後に電気の実践を位置付け，比較・関連付けている。具体的には，水道水の送水のアナロジーから電気の送電の経路をイメージし，発電所で生成された高圧の電気の電圧を下げることにより地域社会で使用できるようにする変電所に着目し，電気の安定供給の仕組みをとらえるようになっている。変電所に関わる施設では電気の特性である高速性と消耗性に配慮して地域社会に安定供給している。この仕組みを学習者が実感的に理解できるように，変電所を遠隔操作している給電制御所や地域社会で必要な電気を予測して発電所に発電量を指示する中央給電指令所で働く人々の特別な工夫や努力や思いに着目している。働く人々の電気の安定供給への思いを実感することで，普段の生活における自己の電気の使用を意識するようになっている。

　このように，発電所を教材として電気の地域社会へ安定供給するという量的側面と，変電所を教材として電気の高速性と消耗性に配慮しながら地域社会へ安定供給するという質的側面を学習することで，学習者は電気の安定供給の仕組みを理解しやすくなる。

第1段階で、電気エネルギーの【存在】【供給】の視点から電気の経路に気づく。第2段階で、施設の【存在】【供給】の視点から変電所の電圧変化による電気の安定供給の仕組みをとらえる。第3段階で、働く人々がもつ【安定】の視点から、電気の特性に応じた安定供給の仕組みを実感する。第4段階で、社会生活の【持続】の視点から自己の今後の電気の使用を考えており、電気の存在に気づき、施設から安定供給をとらえ、働く人々の活動から実感する過程を踏んでいる。【有用】であることは前提条件となっている。

本実践は、電気の安定供給の仕組みから、学習者がエネルギーと社会との関係を実感的に理解することが可能となる。社会科エネルギー教育の基盤となるモデル授業といえる。

③ エネルギーの安定供給と社会生活のかかわりを考える授業の分析

第5学年の単元「トヨタ自動車の挑戦－自動車工場を支える人・モノ・エネルギー」（18h）の実践は、地域の生産活動とエネルギーである電気とのかかわりを考えるようになっている。従来の実践では、エネルギーを取り上げた場合でも、食料生産や工業生産には多くのエネルギーが使われている現状を調べ、産業活動を支えているエネルギーの重要性をつかむまでにとどまっていた。本実践では、自動車組み立て工場において、電気がどのように使用されているのかという現状のみをとらえるのではなく、過去にさかのぼって生産活動に電気が必要になったこと、現在では電気なしでは生産ができないことから、エネルギーの安定供給を前提として生産活動が行われているという概念的知識を獲得することができる。また、産業学習として、外国とのかかわりからエネルギー資源の供給をとらえ、生産活動のあり方について判断していく過程を取り入れていることが本実践の最大の特徴といえる。

地域において電気エネルギーが主に火力発電において作られ供給されることを、エネルギー供給については模式図や実験を用いて実感的に理解させ、実際に工場を見学することで検証を行っている。このため学習者は地域の生

第3章　エネルギーの安定供給を考える授業づくり　53

産活動を通してエネルギーの安定供給の必要性を理解できるようになっている。

　第4時における昔と今の自動車づくりの比較から，電気エネルギーの【存在】【有用】について気づくことができる。第6～7時における工場で使う電気とその燃料源から，現在の生産活動において改めて電気エネルギーを意識し，安定したエネルギーの【供給】が必要であることをとらえることができる。第12～13時におけるトヨタ自動車の外国生産から，資源エネルギーの【存在】やエネルギーの調達という【供給】を強く意識することができる。第14～15時の火力発電の仕組みと限りある化石エネルギーから，資源の供給が【持続】できるかを判断できる。【安定】は中学年で学習済みである。

　本実践は，工業生産を通して，学習者がグローバルな視野からエネルギーの安定供給の重要性を実感的に理解することに成功している。エネルギーの安定供給と工業生産とのかかわりを考えるモデル授業といえる。

 4　エネルギーの安定供給を実感的に理解させる系統的な授業

　中学年社会科で学習者の身近な生活の中でエネルギーの安定供給の仕組みをとらえた上で，第5学年の産業学習において，エネルギーの安定供給を前提として生産がなされていることをつかむことができる。また，実験や見学や模式図（アナロジー図）などを用いて，エネルギーの安定供給を学習者に実感的に理解させることも共通している。2人の実践者は同じ学校の教員である。2つの実践から，エネルギーを学習者に実感的に理解させる社会科エネルギー授業を系統的に取り組んでいる事実とその重要性を理解できる。

〔参考文献〕
○鈴木真「エネルギー環境教育の授業づくり」佐島群巳・高山博之・山下宏文編『教科学習におけるエネルギー環境教育の授業づくり（小学校編）』国土社，2009，pp.14-17

（永田　成文）

コラム1
エネルギー授業における電力会社の出前教室の活用

 1　電力会社の出前教室の活用

　2013年に小学校第3学年のエネルギー教育の実践を行う際，電力会社のスタッフを招いて実験をメインとした出前教室を活用した。中学年の子どもたちに電気の安定供給の重要性を実感させるために実験は大変効果的である。電気が安定しているかどうか，直接五感で感じられるからである。本実践では，不安定な電気と安定した電気の2つを実感させる実験を行った。

　実験に使う装置はすべて電力会社の方によって製作されたものである。電気の安定供給の重要性を実感させるための装置は小学校の理科実験などで使う道具では扱うことのできないものが多い。

　各学校において実験を希望する場合は近くの電力会社に，不安定な電気と安定した電気をつくる実験装置・模型を借りることができるか，または授業者の意図に沿った実験が可能な装置があるかどうか尋ねていただきたい。本実践では中部電力三重支店の協力を得て，出前授業の形式で実験を進めた。

　この実験の他にも，石炭や石油など発電する際の原料模型を見せていただいたり，電気や他のエネルギー資源について分かりやすくスライドにまとめて学習したりすることも可能である。発電の仕組みを示す下敷きなどを用いて学習することは効果的である。

 2　出前教室における実験の様子

　小学校第3学年社会科単元「わたしたちの生活と地域の電気にかかわる仕事」（全11時間）のうち，第4時で電気はどうやってつくるのか1つ目の実験（コイルを動かすと検流計の針は動くか）と2つ目の実験（ハンドルを回すと豆電球はどうなるか）を行った。さらに火力発電所の仕組みをしめす3つ目の実験を行った。

第3章　エネルギーの安定供給を考える授業づくり　55

1つ目の実験では、コイルと磁石を使って検流計の針を動かした。コイルを動かすと検流計の針が動く。つまり電気が起きているということに気づく実験を行った。1つ目の実験で電気を発生させることはできたが、明かりをつけるだけの電気にはならなかったため、2つ目の手回し発電機を使った実験を行った（写真1参照）。精一杯の力で豆電球の明かりをつけようとする子どもの姿がみられた。

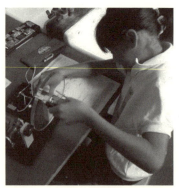
写真1　手回し発電機の実験
明かりは「チカチカ」している

　この電球の明かりは「チカチカ」しているので、安定した電気をつけられる火力発電所の小型模型の示範実験を行った（写真2参照）。不安定な電気である手回し発電と安定した電気となる火力発電所の模型実験を行い、「電気のでき方を実感できる」ようにした。「機械は安定していて、手で回す発電機は不安定であることを知りました」とか「手で回すのは大変でした」といった子どもの発言は、実際に実験器具を借りることができたからこそ表れたものである。また、「3番目に実験したなべの実験はストローみたいなところから水蒸気が出てきていたけど、本当のものだとどんなのかなと思いました」というように後の発電所見学につながる発言もみられた。

写真2　発電所の小型模型実験
中部電力のスタッフが行う

　出前教室で普段学校の実験ではできないことを体験することができるのは、電気の安定供給を実感するために非常に効果的である。

（石田　智洋）

> コラム2
> # エネルギー施設の見学－浜岡原子力発電所－

 浜岡原子力発電所の見学の意図

　2013年3月下旬，中部電力の協力の下，三重・社会科エネルギー教育研究会のメンバーと共に浜岡原子力発電所を見学する機会を得た。ご存じの通り，2011年3月11日の東北地方太平洋沖地震により福島第一原子力発電所事故が発生した。同年5月6日には内閣総理大臣より日本国内の全原子炉の停止要請が行われ，同年5月9日に浜岡原子力発電所は停止を決定している。このような経緯により，発電所自体は停止をしていたが，私の関心は原子炉がどのように保護されているのか実際に見ることと，想定される大震災の津波から発電所を守る役割をする防波壁の大きさを感じ取ることにあった。

 防波壁の見学からの疑問

　実際に防波壁をこの目で見たときは，その巨大さ規模の大きさに驚き，「なぜこうまでして，原子力発電を再開しなければならないのか」という疑問が頭の中を駆け巡った。まず，防波壁の役目について少し述べることにしたい。福島第一原子力発電所事故は，大震災が引き起こした津波による浸水が非常用電源を喪失させ，事故につながったと原子力規制委員会が報告している。そのため，津波を発電所に浸入させないため防波堤となるものが，防波壁なのである。見学当時は，海抜18mの高さにまで防波壁は達していた。その後，海抜22mまでかさ上げされている。そしてこの防波壁は高さだけでなく，この原子炉を取り囲むように1.6kmに渡って作られているのである。例えれば3階建ての校舎よりも少し高い建造物が1.6kmに渡って建造されているのである。3階建ての校舎を防波壁に見立て，思いをはせたとき，私の頭の中を駆け巡った疑問は他の見学者も頭の中に浮かんだことだろう。

3 原子力発電所内の見学からの疑問

　原子力発電所内に入ったのも筆者にとっては初めての経験であった。今までによく映像で見たことのある核燃料プールも見ることができた。そもそもなぜ，使用済核燃料を水中で保管するのだろうか。中部電力のホームページには「使用済燃料は，原子炉から取り出し，原子炉の隣にある燃料プールへ移動させます。長さ約4.5mの使用済燃料を，放射線を遮へいするため水の中で移動させながら運び，深さ約12mの燃料プールの底に移動します。移動後は，発生し続ける熱を燃料プール内の水を循環させて冷やしながら貯蔵します」と説明がある。使用済核燃料をいかに慎重に取り扱わなければならないかを実感した瞬間であった。もちろんこの場に辿り着くまで，厳重な警備と施設で守られているかは言うまでもない。

4 浜岡原子力発電所の見学から思うこと

　中部電力の協力の下で見学が可能となった防波壁と原子力発電所内の見学から，電力会社は電力の安定供給や自社の安定的な経営のために原子力発電をベース電源としたいことや震災以後何層にも安全対策を施し，想定外が起こりえないようにしている姿勢が施設見学から学びとることができる。また，一般の見学が可能である浜岡原子力館があり，「見てふれて科学する」をモットーとして実物大防波壁模型や実物大原子炉模型などが展示されている。また，館内には「オムニマックスシアター」と呼ばれる全長18mの巨大スクリーンで自然や科学についての上映がされている。ぜひ，小・中学生の社会見学で訪れてほしい所である。

　中部電力は「電力を安定してお届けするためには，昼夜を問わず発電し続けられる電源が，必要である」と明示しており，電気を使う側として電気がつくられている現場を知ることは大切である。

（谷本　博史）

第4章 エネルギーの持続的利用を考える授業づくり

第1節 地域の未来のエネルギー政策を考える授業

(小6　社会)

1　授業づくりの意図

(1)　電気の安定供給を基盤に据えたエネルギー授業

　義務教育段階である小・中学校の社会科において，現行の学習指導要領に位置付けられたエネルギー教育の内容は，小学校第3学年及び第4学年社会科（以降「中学年社会科」と表記）の内容「地域の人々にとって必要な飲料水，電気，ガスの確保」において，電気かガスを選択した場合である。飲料水，電気，ガスを公共サービスとして，これらの事業は地域の人々の健康な生活や良好な生活環境の維持向上に役立ち，計画的，協力的に進められていることをとらえることが主目的である。教科書ではその存在や動きを学習者が実感しやすい飲料水が選択されている。選択となっている中学年社会科の内容を，安定供給の仕組みをとらえるエネルギー授業として明確に位置付ける必要がある。電気とガスは発展的学習となっており，概要が示される程度である。このため，学習者はエネルギーの安定供給をイメージすることが難しい。この学習を踏まえて，他の様々な内容においてもエネルギーをテーマに設定し，社会科エネルギー授業を系統的に開発していく必要がある。

　『エネルギー環境教育ガイドライン2013』では，エネルギーの安定供給の確保(Energy security)，環境への適合(Environment)，経済効率性(Economic efficiency) とともに安全性（Safety）の同時的な実現を視野に入れている[1]。エネルギーと社会との関係から，今あるエネルギーが今後も使い続けること

第4章　エネルギーの持続的利用を考える授業づくり　59

ができるのかというエネルギーの持続可能性を考える場合，前述の4つのエネルギーのとらえかたの中で，安定供給の視点が最も重要となる。

エネルギーは何かものを動かす力である。学習者は普段の生活の中で木炭や石炭などの一次エネルギーを直接使用することは少なく，二次エネルギーである電気を使用している。生活と密接にかかわる電気を教材として，電気の安定供給を基盤に据えたエネルギー授業を考える。

（2）　地域の電源問題を考える

戦後の日本における電化製品の普及や産業の発展により，電力需要が急速に拡大した。これに対応するために，水力発電から石炭や石油や天然ガスなどの化石燃料を大量に使用する火力発電が主流となり，1960年代に入り，電力のベストミックスの考え方から原子力発電が導入された。2011年の東日本大震災以降，国内の総発電量の約3割を占めていた原子力発電所による発電が停止され，電力の持続的な供給が不安視される地域が現れた。

東日本大震災前の日本では，二酸化炭素の排出による環境への負荷が問題視され，原子力発電の是非が問われていた。震災後は安全性の面から原子力発電を一時的に止めて，需要に応じるために火力発電を復活させた。また，人々の節電による電力使用量の軽減や再生可能エネルギーとして注目を集めている風力発電や太陽光発電などが検討された。しかし，原子力発電分を賄うことは現実的に難しい。現状では，天然ガスや石炭や石油などの化石燃料を大量に使用する火力発電で代替している。また，これらのエネルギー資源には限りがあり，従前の問題であった二酸化炭素の排出量の増加や燃料の輸入によるコストの増大など，環境負荷と経済負担が改めて問題となっている。

最も望ましい発電方式を即座に確定できないという電源問題はエネルギー問題としてとらえることができる。日本のエネルギー基本計画（2014）では，発電（運転）コストが，低廉で，安定的に発電することができ，昼夜を問わず継続的に稼働できる電源となる「ベースロード電源」として，地熱，一般水力（流れ込み式），原子力，石炭が指定された。地域のエネルギーの安定

供給が持続可能となるために，経済性，環境保全，安全性の視点も考慮に入れて，学習者は主権者として未来の発電方式をどう選択していくべきかを考える必要がある。

本稿では，永田（2015）を基に，エネルギーの安定供給とその持続的利用に焦点をあて，地域の電源問題を思考し，判断する授業を提案したい。具体的には，小学校第6学年の政治学習の内容（2）ア「国民生活には地方公共団体や国の政治の働きが反映されていること」で，エネルギーの安定供給をめぐる地方公共団体や国のエネルギー政策をテーマに設定し，学習者が自分自身の問題として考え，地域の電源問題を解決に向けて判断する。

電源問題の実態は地域ごとに異なる。本稿では，授業実践を行う小学校が位置する中部電力管内を地域として設定する。中部電力管内では，2010年まで総発電量の約12%を浜岡原子力発電所の発電量で賄なっていた。2016年9月現在，主に安全性の理由から浜岡原子力発電所の発電は停止している。現在は主に石炭やLNG（液化天然ガス）を資源とする火力発電により代替している。安全性の視点からは持続可能であるが，環境保全や経済性の視点からは持続不可能となっている。地域の電源問題は，安全性の価値観と環境保全や経済性の価値観で対立する社会的論争問題となっている。

 単元「地域における電気の持続的利用を考える」の概要

（1） 発電方法の評価規準

学習者に当事者意識から授業に参加させるためには，社会的論争問題となっている地域の電源問題が持続可能な社会の構築に向けた喫緊の課題であることを意識させ，その解決策を判断させる必要がある。具体的には，地域の発電の現状をつかみ，各発電方式のメリットとデメリットをとらえた上で，各発電の評価を行い，多角的な視点からの選択が求められる。前述のエネルギーの4つのとらえ方を参考に，各発電方法の評価規準を設定した（表4－1参照）。社会科エネルギー教育の基盤となる安定供給の視点では，発電量，

資源，安定という3つの指標を設けた。また，地域の電気の安定供給を追究するので，発電施設の立地のしやすさを考慮に入れた地域性の視点を付け加えている。学習者はこの評価規準をもとに，地域の電気の安定供給と持続的利用を踏まえて，どの指標をより重視するかをもとに判断することになる。

表4－1　発電方法の評価規準

評価指標	経済性	安定供給			環境保全	安全性	地域性
	コスト低	発電量多	要資源少	安定性高	悪影響小	安全確保	立地安易
火力	△	○	×	○	×	△	△
水力	△	△	○	△	△	○	×
原子力	○	○	△	○	△	×	×
太陽光	×	×	○	×	○	○	○
風力	△	△	○	×	○	○	×

※高評価を○，評価を△，低評価を×で表す。電力会社の資料等を参考に作成

（2）　単元構造

　現在の豊かで快適な生活が未来も享受できるように，電源開発は持続可能性を視野に入れて判断する必要がある。地域における電気の安定供給と持続可能性を判断する社会科授業として，第6学年単元「地域における電気の持続的利用を考える」（4時間）を2013年に津市立北立誠小学校で実践した。

　未来予測に立つ電源問題の授業では，持続可能な開発の価値観から，解決に向けて学習者が主体的に追究していくという思考による参加[2]がなされる必要がある。具体的には，地域にはどのような電源問題があるのかを記述し，なぜそのような問題が生じるのかを説明し，持続可能性を踏まえて多角的視点から様々な発電方式がよいか悪いかを評価し，地域においてどの発電方式がより望ましいのかを判断していく。

　電源開発は実際には様々な発電方式のメリットとデメリットを勘案して，様々な発電方式を組み合わせた電力のベストミックスが行われている。小学校段階の本実践では，ある発電方式が地域に必要か必要でないか，地域の実情に応じて発電方式を提案するとすればどれが望ましいかについて判断して

いく。具体的には，地域において稼働が停止している原子力発電について，地域における電気の安定供給と持続可能性から評価していく。また，評価の吟味や客観的な事実をもとに実践的な判断を行う。さらに，学習者がより切実性を持った思考による参加を行うために，身近な地域の電源開発を取り上げ，生活者としての当事者意識から実践的な判断を行う。

第1時は，地域の現状として，地域の電力需要の高まりと発送電に着目し，電力供給の仕組みを把握する。また，地域に電気を安定供給するための工夫をとらえる。

第2時は，地域の課題として，地域の持続不可能な電力供給を記述する。震災前後の発電量の変化を確認し，課題の背景として，地域の電力を火力発電で代替する問題点や再生可能エネルギーで代替可能かを説明する。

第3時は，課題の解決策として，地域の原子力発電の再稼働の価値判断を行う。地域の発電方法を吟味した上で，原子力発電分を再生可能エネルギーで代替したり，節電で対応できるかを確認し，再稼働を価値判断する。

第4時は，解決に向けた提案として，電気の持続的利用に向けた身近な地域の発電方式について意思決定を行う。国家の原子力発電に対する考え方と地域の人々の原子力発電に対する考え方を客観性が高い新聞記事から確認し，再稼働について実践的に判断する。その上で，当事者意識から地域の電源開発[3]を提案し，学習者に電気の持続的利用の取り組みを考えさせる。

（3） 指導案

ア　単元目標「地域の電力供給の実態を踏まえ，地域の電気の安定供給確保のために，未来を見据えた地域の発電方式を判断できる」

イ　単元計画（4時間）

第1時：地域の電力需要の高まりと電力供給

第2時：地域の持続不可能な電力供給

第3時：地域の原子力発電の再稼働の価値判断

第4時：再稼働の意思決定と発電方式の提案

第4章　エネルギーの持続的利用を考える授業づくり　63

○第1時：地域の電力需要と電力供給のバランスをとらえる。

本時の目標…地域の現状として，電力需要の高まりと発送電に着目して電力
供給の仕組みを把握し，地域に電気を安定供給するための工夫をとらえる。

	学習内容	主な発問・指示	学習活動	留意点【持続可能な視点】	資料
導入	○地域の電力需要【地域】	○「地域で電気使用が増えたのはなぜでしょう」	○グラフに着目して電気の用途の変化を考える。	○生活の変化や工業化で，使用量が激増したことをおさえる。	○中部電力管内の電力量の変化
展開	○地域の電力供給【地域】	○「地域にはどんな発電方式がありますか」	○地図から中部電力管内の発電方式を確認する。	○地域の特性から火力・水力・原子力・風力・太陽光発電の存在をつかませる。	○中部電力管内の発電施設・送電網
	○地域の電力供給【地域】	○「電気使用の変化にどう対応していますか」○「地域で電気は足りていると思いますか」	○VTRから異なる需要への対応を考える。○浜岡原子力発電停止後の需要と供給を考える。	○需要に応じた様々な発電方式の活用を確認する。○停止後，節電や火力発電で対応していることをつかませる。	○中部電力管内の発電方式（3分）
まとめ	○電気と自分【個人】	○「あなたにとって電気はどのようなものか」	○ワークシートに電気とのかかわりを書く。	○電気の使用量の激増から，改めて電気の存在意義を考えさせる。	○ワークシート：電気とのかかわり

※ VTRは中部電力編『ズバリ解決！電気の疑問』

○第2時：地域の電力供給が持続可能であるのかを考える。

本時の目標…震災前後の発電量の変化から，原子力発電分を火力発電で代替
する問題点や再生可能エネルギーで代替が可能であるのかを説明できる。

	学習内容	主な発問・指示	学習活動	留意点【持続可能な視点】	資料
導入	○エネルギー資源【日本】	○「発電に必要な資源は日本にありますか」	○図からエネルギー資源の存在を確認する。	○火力・原子力発電に必要な石油・石炭・LNGとウランは輸入してことをおさえる。	○日本のエネルギー資源の輸入
展開	○地域の電力の安定確保【地域】	○「地域の電力問題は何でしょうか」	○VTRから地域の電力の課題を確認する。	○原子力に頼らない場合，【電力使用は将来持続不可能となる】ことを確認する。	○電力の安定供給の必要性（2分）
		○「このまま電気を使い続けて大丈夫ですか」	○地域の現状の電力使用の持続可能性を考える。	○地域の発電方式の中で興味に応じて調査させる。	
まとめ	○電気と自分【個人】	○「あなたにとって電気はどのようなものか」	○ワークシートに電気とのかかわりを書く。	○安定確保の努力から，改めて電気の存在意義を考えさせる。	○ワークシート：電気とのかかわり

※ VTRは中部電力編『ズバリ解決！電気の疑問』

64

○第3時：地域の原子力発電の再稼働を判断する。

本時の目標…地域の原子力発電分を再生可能エネルギーの代替や節電で対応
　　できるかを確認し，地域の原子力発電の再稼働について価値判断する。

	学習内容	主な発問・指示	学習活動	留意点【持続可能な視点】	資料
導入	○各発電方法の特色【地域】	○「調べてきた発電のメリットとデメリットを確認しましょう」	○各発電を経済，安定供給，環境，安全，立地面から確認する。	○出力は碧南火力発電所や浜岡原子力発電所が大きく，メガソーラたけとよは小さいことを確認する。	○電源別発電コスト ○地域の主な発電所
展開	○地域の発電方式の評価【地域】	○「太陽光発電と節電で原子力発電分を賄えますか」	○資料やVTRを参考に将来も電気を安定確保できるか考える。	○両者で15%分を代替ができるが，太陽光発電は蓄電，節電は生活維持から難しいことをおさえる。	○ソーラーパネルの広告 ○太陽光発電（2分）
		○「地域の原子力発電を再開すべきでしょうか」	○新聞を参考に電力の需要と供給面を判断する。	○原子力発電の代替可能かをもとに，【持続可能性の視点から価値判断させる】。	○浜岡原子力発電の再稼働
まとめ	○電気と自分【個人】	○「あなたにとって電気はどのようなものか」	○ワークシートに電気とのかかわりを書く。	○持続可能性を踏まえ，改めて電気の存在意義を考えさせる。	○ワークシート：電気とのかかわり

※VTRは中部電力編『ズバリ解決！電気の疑問』

○第4時：地域の原子力発電の再稼働を判断する。

本時の目標…地域の原子力発電の再稼働について意思決定し，身近な地域の
　　電源開発を提案する。

	学習内容	主な発問・指示	学習活動	留意点【持続可能な視点】	資料
導入	○国家と地域の考え【国家・地域】	○「再稼働について国家と地域の人々の考えを確認しましょう」	○新聞の記事からそれぞれの意向を確認する。	○国家は電力の安定供給から賛成，地域は安全面から反対が多いことをおさえる。	○国の電力安定と地域の再稼働反対
展開	○地域の発電方式の判断【地域】	○「地域の原子力発電を再開すべきでしょうか」	○国家や地域の考え方を踏まえて判断する。	○国の政策（経済面），地域の人々の思い（安全面）を踏まえ，【意思決定させる】。	○ワークシート：原子力発電の再稼働
		○「地域の空き地にどの発電所を作りますか」	○各発電方式の特徴を踏まえて選択する。	○工場跡地のメガソーラー計画を踏まえて【提案させる】。	○ワークシート：地域の発電の提案

第4章　エネルギーの持続的利用を考える授業づくり　65

| まとめ | ○電気と自分【個人】 | ○「あなたにとって電気はどのようなものか。どう利用するか」 | ○ワークシートに電気とのかかわりと利用を書く。 | ○身近な地域の電源政策を踏まえて、改めて電気の存在意義を考えさせ、【持続的利用】を意識させる。 | ○ワークシート：電気とのかかわり・利用 |

3 授業の成果と課題

(1) 授業の成果

　電気の安定供給と持続可能性を踏まえて、地域の電源問題の解決に向け追究できたかについて、単元の事前・事後にとったアンケート調査やワークシートの記述から分析していく[4]。

　電気の持続的利用にかかわる「あなたは電気をどのように利用していきたいですか」というアンケート調査を単元前後に行った。その結果を示したものが表4−2である。授業前に比べて授業後は、何に利用するのかという使用用途の記述が少なくなり、節電などの使用制限や大切に無駄なく使用するなどの電気とのかかわり方の記述が多くなった。また、具体的な節電対策などの記述が見られるようになった。この結果から、学習者は単元の学習を通して、持続可能な社会を意識して、電気に接していこうとする意識が高まったことがわかる。

表4−2　電気の持続的利用の事前・事後アンケート結果

	事前	事後	主な記述
記述なし	4人	2人	未記入・なしの回答
使用用途	21人	13人	照明、充電、いつもどおりの日常生活の活動
使用制限	25人	32人	大切に、無駄なく、節電、有効に、必要分のみ
制限対策	0人	3人	こまめに消す、打ち水や緑のカーテン、安全な発電

※ 2013.6.7（事前）と6.24（事後）の50名分回収、用途・制限・対策の順にレベルが高いと想定し、複数の場合は記述内容から高いレベルでカウントした。筆者作成

また，電気と自分とのつながりにかかわる「あなたにとって電気とはどのようなものですか」というアンケート調査を行った。その結果を示したものが表４－３である。利用は主にどのようなことに利用するかに関しての記述，不可欠は単に電気は自分の生活に必要な存在であることの記述，生活必需品は自分との関わりから生活を具体的に意識した不可欠な存在であることの記述，エネルギー使用はエネルギーの特性や危険であることや将来なくなるかもしれないなどエネルギーの特色や持続的利用にかかわる記述が該当する。事後に，生活必需品の視点が微増し，エネルギー使用の視点が増加している。この結果から，学習者は電気が生活の中で不可欠な存在であること，エネルギーであることを強く意識できるようになったことがわかる。

表４－３　電気と自分とのつながりの事前・事後アンケート結果

	（未記入）	利用	不可欠	生活必需品	エネルギー使用
事前	1	10	21	14	4
事後	1	3	19	17	10

※ 2013.6.7（事前）と 6.24（事後）の 50 名分回収，利用・不可欠・生活必需品・エネルギー使用の順にレベルが高いと想定し，複数の場合は記述内容から高いレベルでカウントした。筆者作成

　第３時と第４時に「浜岡原子力発電所を再開するべきでしょうか」について，再開するか再開しないを選択させて，その理由をワークシートに記述させた。その結果を示したものが表４－４である。

表４－４　浜岡原子力発電所の再稼働の判断の変化

	再開	停止	価格	発電	資源	安定	環境	安全	立地	住民	視点計
第３時	12 人	36 人	2 (2)	12 (7)	0	2 (2)	2 (2)	35 (1)	0	0	53 (14)
第４時	9 人	41 人	1 (1)	7 (5)	0	2 (2)	2 (1)	42 (3)	0	6	60 (12)

※ 2013. 6.17（第３時）は 48 名，6.24（第４時）は 50 名分を回収した。視点は記述内容から分析し，複数カウントしている。（ ）は再開の内数を示す。筆者作成。

第3時は価値判断の段階，第4時は意思決定の段階にあたる。第3時と第4時とも停止の判断が多数を占めている。これは，エネルギーの4つの視点の中で安全性を優先して判断した結果である。第3時と比較して，第4時はさらに停止の判断が増加している。また，第4時では浜岡原子力発電所が立地する地域の住民の気持ちを理由とする記述がみられるようになった。この結果から，学習者は，原子力発電について，安定供給よりも安全性の視点をより重視していることがわかる。また，安全に暮らしたいというエネルギーと地域社会とのかかわりから判断できた。

　第4時に「あなたは地域の空き地にどの発電所を作りますか」について，発電方式を選択させて，その理由をワークシートに記述させた。その結果を示したものが表4－5である。空き地に建設が始まっている太陽光発電施設は身近な地域である津市の2％の電力需要をカバーできるが，中部電力管内の安定供給にはほど遠い。これを踏まえた，多角的な視点からの提案となる。発電量は少ないが，環境に優しく，安全であるという理由から，太陽光発電や風力発電の再生可能エネルギーが8割弱を占めている。また，数が少ないことや建設日数が短いという新たな視点もでてきた。この結果から，学習者は，身近な地域においては，環境や安全を重視し，長期的な視点に立って安定供給を確保していけばよいという判断ができた。

表4－5　身近な地域の新しい電源開発の提案の結果

	人数	価格	発電	資源	安定	環境	安全	立地	数	日数	視点計
火力発電	2人		1					1			2
水力発電	1人	1	1	1			1				4
原子力発電	2人		2	1		1	1				5
太陽光発電	20人	1	5	4	1	7	12	2	1	2	35
風力発電	17人	1	4			5	10	8			28
その他	6人					1		1	1		3
計	48人	3	13	6	1	14	24	12	2	2	77

※ 2013. 6.24（第4時）に50名中48名が記述し，各発電を選択した理由の視点は記述内容から分析し，複数カウントしている。筆者作成

以上の分析から，本稿で提案した授業は，学習者が地域の課題として電源問題をとらえ，解決に向けた判断を繰り返し求めること，身近な地域の電源開発を提案することで，学習者が自分とのかかわりから思考による参加を行い，電気の持続可能性を踏まえた実践的な判断ができるようになった。換言すれば，学習者がエネルギーの持続的利用を考えることができるようになっている。また，エネルギーが地域に安定供給される重要性や現状では電力の安定供給が持続不可能となっているという社会認識ばかりでなく，その解決策として原子力発電を価値判断，意思決定し，身近な地域の未来に向けた電源開発を提案することで社会参加に関する資質を統一的に育成できるといえる。

（2）　授業の課題

　提案した授業の成果として，学習者は電気を通してエネルギーの持続的利用を考えることができるようになったことを挙げた。その反面で原子力発電の再稼働の判断でも身近な地域の電源開発の判断でも学習者にエネルギーの安定供給の視点の意識が弱かった。エネルギーの安定供給を前提として，エネルギーの持続可能性から判断していく授業となる必要がある。具体的には，地域の中でエネルギーがどのような場面でどのくらい必要であるのかをとらえさせる手立てが必要であった。

　また，授業で示した発電方法の評価規準をもとに学習者は電源開発を判断するようになっていたが，それらに軽重をつけることが難しかった。エネルギーの安定供給にかかわる発電総量やエネルギー資源の必要性や安定性を常に意識した上で判断させる必要があった。

　エネルギーの安定供給の重要性について授業で触れたが，基本的に第6学年において単発のエネルギー授業として実践している。本来は，中学年において，電気を教材としてエネルギーの安定供給の仕組みを実感的に理解させた上で，地域の電源問題を扱うべきである。また，中学年の昔と今の暮らしの変化の内容で戦後に電化製品の使用が多くなったことや，第5学年の日本

の工業の内容でエネルギー資源を輸入し，電気を使用しながら工業製品を生産しているというエネルギーをテーマとした授業を系統的に位置付ける必要がある。エネルギー問題は，地域規模ばかりでなく国規模のエネルギー自給や世界規模のエネルギー不足，不均衡分布など，中学校社会科との連携も見据えていく必要がある。

　また，4時間の授業の中では，電気はものを動かす力であるというエネルギーであることを学習者に実感させることが難しかった。生活科で太陽の光や熱を感じたり，理科のコイル発電などでエネルギーの変換を体感するなど，物理的な仕事をすることのできる力としてもとらえるための他教科との連携が必要である。

　今後，他教科との連携も踏まえて，小学校社会科教育における系統的なエネルギー授業を積み重ねた上で，地域の未来の電力を判断するようなカリキュラムを開発していく必要がある。

〔注〕

（1）新・エネルギー環境教育情報センター『エネルギー環境教育ガイドライン2013』p.13
（2）永田成文『市民性を育成する地理授業の開発』風間書房，2013，p.113
（3）2013年の5月から授業実践校区の倉敷紡績の工場跡地に，メガソーラー（8,972kW）が建設されていた。津市電力需要の2％の電力量に相当する。
（4）授業は2013年の6月7日，14日，17日，24日に各1時間で実施した。

〔参考文献〕

○経済産業省・資源エネルギー庁『エネルギー基本計画』2014
○永田成文「未来予測に立つ "電源問題" の取り上げ方」『社会科教育』51-10，明治図書，2014，pp.44-45
○永田成文「電気の持続的利用を考える小学校における地理ESD授業の開発—社会的論争問題を外国に伝える活動を通して—」地理教育研究 No.17, 2015, pp.1-10

（永田 成文）

第2節
日本の電力のベストミックスを考える授業

(中3　社会)

　授業づくりの意図

(1)　今，日本の電力について考える理由

　2011年3月の東日本大震災により，福島第一原子力発電所内で事故が発生し，福島県を中心とした東北地方や関東地方北部に放射能の汚染が広がり，日本の原子力発電の安全神話は大きく揺らぐことになった。

　原子力発電は，安価で安定した電源を供給できることから，高度経済成長期の日本において政府を中心に開発が進められてきた。その結果，原子力発電は，日本の発電の28.6％（2010年）を担うまでにその依存度が高くなっていた。そんな中で，福島第一原子力原発所の事故は起こったのである。

　原発事故後，日本のすべての原子力発電が停止し，首都圏を中心に計画停電が行われた。また，停止した原子力発電の電力は，主に火力発電が補うことになった。しかし，火力発電は化石燃料を燃やすために，二酸化炭素を多く排出することや有限なエネルギー資源を使っていること，そして石油価格の高騰に由来する電力料金の値上げなど，多くの問題をはらんでいる。

　このような状況で，政府による原発再稼働を進める動き，それに対する国内での原発反対のデモ，また地域住民の賛否など，原発に対して国内を二分するまでになった。中学生に日本の電力について目を向けさせることは，上記のような問題が伴う日本のエネルギー事情を生徒に意識させ，日本の電力のベストミックスを考えさせる問題解決学習につながるのである。

(2)　電力について中学校社会科地理的分野で考えておきたいこと

　本稿では中学校社会科公民的分野での実践を提案するが，地理的分野において原子力発電所の立地と地域住民の葛藤を事前に考えさえた。2011年（東日本大震災から3ヵ月後)に三重大学教育学部附属中学校で行った関東地方・東北地方の実践で原子力発電について扱った授業の概要を以下に示す。

第4章　エネルギーの持続的利用を考える授業づくり　71

原発事故後ということもあり，生徒の関心は「反対する人も多いのに，な
ぜ福島に原子力発電所ができたのか」であった。関東地方では，東京を中心
とする首都圏は政治・経済・文化の中心になっており，人口が集中し過密に
なっているなどを学習した。一方，東北地方では，地域に根差した農業や地
場産業，高速道路の開通に伴う工業団地などの進出，しかし過疎地域も多く
あり，地元に核となる産業が少ない地域もあることを学習した。このような
学習を経て，福島の原子力発電について考える授業を２時間行った。

　最初に，福島第一原発の事故前の写真から，発電所周辺に民家が少ないこ
とや海沿いであることなど，地域の状況（事実）を読み取った。続いて，福
島県内の水力，火力，第一・第二の原子力の発電量と福島県内の電力消費量，
東京電力管内の電力消費量に占める福島第一第二原発の発電量から，生徒は，
「福島県内でつかう電気が足りているのに，原発はいらないのでは？」「東京
で使う電力なら，福島でつくる必要はないのでは？」など，疑問の声が上がっ
た。そこで，「電力消費の多い東京に原発をつくってみてはどうか？」を学
習課題として話し合わせた。「人口が多いから」「事故があれば被害が大きい
から」など生徒からは東京周辺に原発をつくることへの反対意見が多くでた
が，「福島ならよいのか？」という教師の問いかけには，反論はでなかった。
三重県では原発建設の話が過去にあり，住民の反対で計画が白紙になった事
実があったが，福島ではどうだったのか，という課題を残したまま授業は終
わった。そして，「なぜ福島の人たちは原発建設に反対しなかったのか？」
についての調べ学習をしてくるように促した。

（3）　中学校社会科公民的分野で電力を考える意味

　中学校社会科公民的分野は，現代社会，政治，経済，国際社会と大きく４
つの大単元に分けることができる。現代社会においては，高度経済成長期を
経て生活が大きく変化する様子を，写真や耐久消費財の普及率の推移のグラ
フなどから学習する内容がある。国際社会においては，限りある資源を有効
に利用する取り組みや，化石燃料による地球温暖化，風力や太陽光，バイオ

マスなどの新エネルギーの開発など，世界的な課題として取り上げ，持続可能な社会をつくっていくために，生徒が主体的に考え追究する内容がある。

　上記の内容が，公民的分野で日本の電力について考える意味をとらえることにつながる。高度経済成長を経て，身の回りに電化製品が普及し，家庭用電力も40年前に比べると2.5倍ほど使用量が伸び，生徒自身も電気を多く使用するエネルギーの消費者である。一方で，原発が停止した今，火力発電のエネルギー源の化石燃料が有限であることや，地球温暖化の原因の1つになっていることから，生徒は地球環境の変化による被害者にもなりうる。この2つの観点の主人公はどちらも生徒自身であり，他人事とはならない。だからこそ，公民的分野での日本の電力についての学習は，生徒にとって，身近で切実な，そして具体的で発展的な課題になり，問題解決学習になるのである。政府による原発再稼働による電源確保，それに反対する世論など，今後どうすべきかなど，未来を見据えたエネルギー政策は，今，まさに判断をせまられる今日的課題といっても過言ではない。また，電源開発は，企業としての電力会社，発電コストといった経済的観点からも考えさせることができる。

授業の概要

(1) 実践した授業について

　提案する授業は2012年7月上旬に，三重大学教育学部附属中学校の第3学年において，公民的分野の授業として実践したものである。この時期は，前述したように，東日本大震災による福島第一原発事故の影響で，日本中の原子力発電所が全面停止をしていた。しかし，そんな原発長期停止後，国内で初めて福井県の大飯原発が再稼働を開始し，生徒にとっても，原発再稼働は大きな関心事であった。

　実践では，耐久消費財の普及と家庭での電力消費量の増加を読み取らせ，今の便利な生活をするためには，電気が不可欠であることを確認することか

ら始めた。また，日本の電力について学ぶことで，今は全面停止しているが，2010年までは電力の約3分の1が原子力発電であったことや，原発停止により，持続可能なエネルギーとはいえない火力発電に大きく依存していることを調べさせた。そんな中，福井県の大飯原発が再稼働の新聞記事を見せ，その賛否について話し合わせた。このような活動をさせた意図は，事故後，メディアでも原発の危険な部分や，反対派の活動も大きく取り上げられていたので，生徒の多くが反対するだろうと思ったからである。その話し合い後，原発には反対であるが，火力に依存するのも持続可能な社会を考えると反対という中で，「今後の日本の電力供給をどうすべきか」という学習課題を考えさせた。この課題は生徒の思考の流れとして必然的に深まり，おそらく自然エネルギーを含む再生可能エネルギーにたどり着くと考えた。

そこで，次時は，再生可能エネルギーの中でも，発電量の多い，「風力や太陽光が，果たして原子力の代替になるのか」という学習課題を設定した。この課題によって，実際の出力・発電量，稼働率，発電コストなどの数値から原子力と比較しながら，風力や太陽光が原子力の代替になるのか判断し，今後の日本の電力供給をどうするべきか生徒自身の考えを深めることができるのではないかと考えた。

（2）　指導案

ア　単元目標

「原発事故後，世論の反対が強い原子力発電について，再稼働すべきか，また風力・太陽光を中心とした再生可能エネルギーについて立地条件，出力・発電量，稼働率，安定性，発電コストなどの観点から発電が原子力発電の代替になり得るのか話し合うことで，今後の日本の電力供給について考え，判断することができる」

イ　単元計画

　　第1時：「北風と太陽」
　　第2時：「光・風 vs 原子力」

第1時：「北風と太陽」

原発再稼働の賛否から今後の日本の電源開発について考える。

本時の目標…「耐久消費財普及率のグラフから，高度経済成長時に電化製品が家庭に普及してきたことに気づくとともに，普及にともなって家庭での電力消費量が増加してきたことを理解する。また，電力の源である化石燃料やウランの可採年数を調べ，残り少ない状況であることに気づき，化石燃料の燃焼が地球温暖化の1つの原因であることを理解する。福島原発の事故以来，停止していた原子力発電所（大飯原発）の再稼働の賛否について話し合うことで，今後の日本の電力供給の在り方について検討するとともに，原発に代わる再生可能エネルギーとしての太陽光発電や風力発電について興味を持つことができる」

	学習内容	主な発問・指示	学習活動	指導上の留意点	資料
導入	○耐久消費財の普及	○「グラフを見て気づいたことを発表しましょう」	○グラフから読み取れることを発表する。	○家庭に耐久消費財が普及し，家庭での消費電力量が増加していることを確認する。	○耐久消費財普及率／家庭電力推移のグラフ
展開	○日本の発電とエネルギー	○「日本はどのような発電が中心であるか」	○日本の発電について調べる。	○日本の電力が，水力・火力・原子力であること，またそれぞれのエネルギー源を確認する。	○日本の発電割合のグラフ
		○「それらの発電のエネルギー源は日本でとれますか」	○各発電のエネルギー源について調べる。	○各発電のエネルギー源が日本でとれるのか，またどこから輸入しているのか調べ，ずっと輸入し続けられるのかを考えさせる。	○各エネルギーの可採年数や輸入先などのグラフ
	○大飯原発の再稼働	○「大飯原発の再稼働に賛成ですか？」	○大飯原発再稼働の賛否について話し合う。	○日本の電力の3分の1を占めていた原発がすべて停止しており，それを火力で補い依存している中で，原発再稼働について，新聞記事からその賛否を考えさせる。	○福島第一原発事故，大飯原発再稼働の新聞記事

	○日本の電力供給	○「日本の電力供給は，今後どうすればよいですか？」	○今後の日本の電力供給について話し合う。	○原発再稼働に反対派が多い中，再生可能エネルギー（自然エネルギー，リサイクルエネルギーなど）の観点を出させるとともに，三重県または隣接する県に再生可能エネルギーによる発電をしている発電所を紹介する。	○青山高原の風力発電，武豊の太陽光発電の写真
まとめ	○原子力発電の代替	○「風力発電，太陽光発電は，原子力発電の代替になるのか？」	○課題の確認をし，次時に向けて調べ学習を行う。	○それぞれの発電について，立地条件，出力・発電量，稼働率，安定性，発電コストなどの項目を中心に考えることを提案し，調べ学習を促す。	○ワークシート（資料4-1）

写真4-1 第1時の板書

第2時：「光・風 vs 原子力」
　風力発電・太陽光発電は原子力発電の代替になり得るのかを考える。
本時の目標…「再生可能エネルギーとしての太陽光発電や風力発電は原子力発電の代替になるのか，調べたことや具体的な数値をもとに話し合うことで，原子力と同等の発電量を確保しようとすると，稼働率などの面からも発電所立地に広大な発電用地が必要になることや，原子力発電の代替が簡単ではないことを理解することができる」

	学習内容	主な発問・指示	学習活動	指導上の留意点	資料
導入	○太陽光発電と風力発電	○「太陽光発電と風力発電について調べたことを発表しましょう」	○調べ学習で太陽光発電や風力発電についてわかったことを発表する。	○立地条件，出力・発電量，稼働率，安定性，発電コストなどの項目を，具体的数値を明確にして発表させる。	○ワークシート（資料4－1） ○生徒が調べ探した資料

〔予想される太陽光発電グループの調査例〕

◆立地条件：安定した晴れの天候が多い所。空気が綺麗な所。

◆出力・発電量：

　メガソーラー発電所（1,000kW＝1megaw 以上の発電能力のある太陽光発電所）

　（一般家庭の屋上の太陽光発電は2kW～4kW）

　1kW の発電をするために約30㎡が必要。

　メガソーラー（1000kW）には，最低 30,000㎡＝3ha 必要。

　武豊のメガソーラー発電所は，7,500kW で 14 万㎡

　原子力発電1基（約100万kW）に代替するには，

　3ha × 1000（100 万÷1000）＝ 0.03㎢× 1,000 ＝ 30㎢必要。

　中部電力浜岡原子力発電所全体（3.4.5 号機）の発電出力：約 360 万 kW

　＊それに匹敵する太陽光発電に必要な面積は 108㎢

　　津市の面積 710㎢のほぼ 6.5 分の 1

　＊浜岡原子力発電所の面積は，160 万平方メートル＝ 1.6㎢

◆稼働率・安定性：

　太陽光発電は陽の当たらない夜には発電不可能。日中でも雨や曇りの時は出力が落ちる。

　年間を平均すると，稼働率＝ 12%である。

　＊とすると，100%÷12%＝約 8 で，原子力発電所と同じになるにはさらに 8 倍の面積が必要になる（蓄電が完全にできるとして）。津市の面積以上の面積が必要になる。

　発電コストは 49 円／kWh で，風力 9～14 円／kWh の約 3 倍，LNG 火力発電 7 円の7 倍。　　出典：資源エネルギー庁総合資源エネルギー調査会「新エネルギー中間報告（平成 21 年 8 月）」他

〔予想される風力発電グループの調査例〕

◆立地条件：安定してある範囲の風速の風が吹く地域。

◆出力・発電量：

　風力発電機1基：2,000kW

　ウインドパーク笠取の最大出力は，38,000kW（3.8 万 kW）

　100 万 kW の発電のためには，約 214㎢必要。

　中部電力浜岡原子力発電所（3.4.5 号機）の発電出力：約 360 万 kW

　それに匹敵する風力発電に必要な面積は，約 770㎢（津市の面積 710㎢を超す）

　＊浜岡原子力発電所の面積は，160 万平方メートル＝ 1.6㎢

◆稼働率・安定性：

　風のあまり吹かない時間や風が強すぎる時間には発電できない

　年間稼働率は，約 20%である。

　＊とすると，100%÷20%＝約 5 で，浜岡原子力発電所と同じになるにはさらに 5 倍の面積（3,850㎢）が必要になる（蓄電が完全にできるとして）。三重県の面積（5,777㎢）の約三分の二（2/3）の面積が必要になる。

◆発電コストは 9～14 円／kWh とされており，LNG 火力 7 円の 1.5 倍～2 倍

　出典：資源エネルギー庁総合資源エネルギー調査会「新エネルギー中間報告（平成 21 年 8 月）」他

第4章　エネルギーの持続的利用を考える授業づくり　77

展開	○原子力発電の代替	○「風力発電,太陽光発電は,原子力発電の代替になるのか?」	○風力発電,太陽光発電は,原子力発電の代替になるのか話し合う。	○原子力発電と比較するのに,太陽光や風力の発電量や稼働率から,原子力発電と同等の発電するために発電所の立地規模などを計算させる。その際,津市や三重県などの面積と比較させる。	○ワークシート（資料4−1） ○生徒が調べ探した資料
まとめ	○原子力発電の代替に対する考え	○「風力発電,太陽光発電は,原子力発電の代替になるのか?」	○本時で考えたことを中心にレポートにまとめる。	○原子力発電の代替について,考えたことをまとめさせる。また,多くの原発が停止している現在,一人ひとりができることも考えさせる。	○ワークシート（資料4−2）

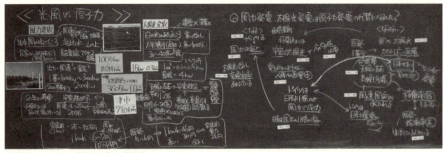

写真4−2　第2時の板書

（3）　授業中の生徒の様子

　第1時は，福島第一原子力発電所の事故後，すべての原子力発電所が停止していたことにより，生徒の電力に対する興味・関心は高い状態で，授業は始まった。2012年7月，大飯原発の再稼働のニュースに対して，その是非を問う学習課題では，9割もの生徒が反対の立場であった。その理由としては，再び事故があるのではないかといった，目に見えない放射能の不安や恐怖などで，感情的な反対意見が多かった。それゆえ，今後の日本の電力供給について考える課題では，原子力発電に関する意見は全くでず，また，有限であり環境への影響が大きい火力でもなく，自然環境を生かした風力や太陽光などといった再生可能エネルギーの使用をベストと考える生徒が多かったので，自然な流れで「風力発電，太陽光発電は，原子力発電の代替になるの

か？」といった次時の学習課題を設定した。

　第2時の生徒の調べ学習（資料4－1参照）は，風力発電，または太陽光発電のどちらかを選択するものであったが，原子力発電の代替になるのかについて立地条件・出力・発電量・稼働率・安定性・発電コストといった観点から具体的な数値をしっかりまとめられたものが多かった。発表も，数値をふまえてしっかり発表できた。それをもとに，風力や太陽光が原子力の代替になるかを話し合った。

　第1時では今後は再生可能エネルギーに頼るべきだと考えた生徒の多くが，天候や自然状況の影響による稼働率の低さや安定性，コストや使用面積のわりには少ない発電量など，実際の数値を目の当たりにして原発とは比較にならないことを実感し，原発の代替にはならないという意見を持った。風力や太陽光が原子力の代替可という意見は，太陽光であれば宇宙にパネルをおいたらどうかとか，風力であれば国土の11倍もある洋上を使用すればどうかといったものがあったが，「将来的には」や「技術が進んだら」等の条件付きで，今すぐにはできないものであった。

　授業のまとめで，ワークシート（資料4－2参照）に生徒の考えをまとめる振り返りを行った。最終的に風力や太陽光が原子力発電の代替になると考えた生徒は15％に足らず，85％以上の生徒は原子力発電の代替にはならないという考えであった。生徒の課題に対する意見の変容という点では，課題を主体的に捉えて追究し，グループやクラス内での話し合いや今回の教材と向き合い対話する中で，主観的な感情の論理に，数値という客観的な経済の論理が根拠として加わり，その中で生徒に葛藤が生まれる，深い学びになったと思われる。

第4章　エネルギーの持続的利用を考える授業づくり　79

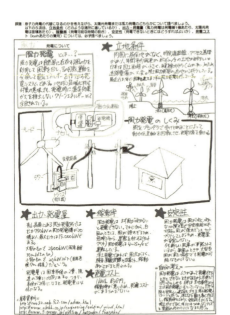

資料4－1　第1時の課題に対する生徒の調べ学習例

資料4－2　第2時の電力の消費をどうしたらよいかの生徒の振り返り学習例

3 授業の成果と課題

　2011年3月の福島第一原子力発電所の事故後，すべての原子力発電所が停止していた2012年7月，大飯原発の再稼働のニュースをきっかけに，タイムリーかつ切実なテーマとして日本の電源開発を設定し，生徒が電力のベストミックスについて考え，今後の電力供給について判断した。ただ単に教科書を学んでいく学習よりも，実生活に基づいた見えない解決の糸口を探る問題解決学習として，生徒にとって意味のある学習となったと思われる。

　また，世論による原発再稼働反対の風潮や，メディアによる原発や放射能の被害の特集などのため，原子力発電について，当初，生徒は感情的に反対の思いが強かった。実際に具体的な数値を調べ，風力・太陽光と原子力を比較することによって，多くの生徒は原子力に頼らざるを得ないと結論付けた。しかしながら，ただ原子力に頼るというわけではなく，原子力も安全性を高めることが必要であるし，今後の日本の電力のことを考えると，再生可能エネルギーによる発電の開発を進めていく必要性も感じていた。このように，本実践は生徒にとって日本の将来の発電の在り方を考えるきっかけになり，節電など自らの生活を顧みることができたことが成果と考える。

　課題としては，感情論だけに陥るのもよくないが，具体的な数値で比較すると，世論の反対や地域住民の不安な思いが，放置されてしまう。そうなると，今の政府と同じで，原発再稼働について各地域で反対する声を無視して，原発の出力や発電量，発電コストなどの有用性ばかりを主張しかねない。今回の実践で，地理的分野で学習した内容を振り返りながら，身近なところに原子力発電所が立地する人々の思いに迫ることができれば，数値から原発がよいと安易に判断せず，より考えを深めることができたのではなかろうか。

　また，当時の原子力発電の発電コストに関するデータは，廃炉費用や安全対策費用の見直しが必要であったと思われる。さらには，福島第一原発の事故のように，事故が起きた時にかかる補償の費用や放射性物質の処理費用なども数値として出ると，風力や太陽光が原子力発電の代替にならないにして

第4章　エネルギーの持続的利用を考える授業づくり　81

も，今すぐに原子力発電を推進していくことに，十分な検討が必要であると考える。このことは，公民的分野の経済学習の課題でもあるが，どうしても経済は生産・流通・消費を中心に学習する内容が多く，家電などを廃棄処分する際にかかる費用や，産業廃棄物を処理するのにかかる費用など，廃棄まで含めて考える内容が乏しいように思われる。そういった廃棄の視点を経済学習で加えることで，これからの持続可能な社会の形成にもつながる。本実践に関しては，発電コスト以外にかかる費用を含めた視点をもたせることができていれば，今後の日本の電力供給について，より深く考えさせることができたのではないかと思われる。

　全国各地で原発再稼働にいたる動きや，それに対する原発近隣住民やそれに接する隣県民の反対の声が報じられている今，生徒が日本の電力をどうすべきか，自らの問題として考え解決しようとする学習をするチャンスはまだまだ続いている。また，電力はエネルギー授業の教材として，公民的分野の様々な単元との関わりを持っている。

　本実践は上記のような多くの課題を残しているが，中学校社会科を中心とする多くの先生方が，社会科エネルギー授業を意識し，児童・生徒が主体的に追究する，タイムリーかつ切実な日本の未来の電力のベストミックスについて考える授業として参考にして頂ければ幸いである。

〔参考文献〕
○中部電力エネルギー教育フォーラム資料
○中部電力ホームページ
　http://www.chuden.co.jp（2016.8.20 検索）
○青山ウィンドファームホームページ
　http://awf.co.jp/（2016.8.20 検索）

（樋口　大祐）

第4章解説
電源開発からエネルギーの持続的利用を考える

1　ESD（持続可能な開発のための教育）の目標実現のための観点

　エネルギーの持続的利用を考える小学校と中学校で提案された2つの実践は電源開発をテーマとして社会科におけるESD（持続可能な開発のための教育）を意識している。ESDは，適量生産・適量消費・適量廃棄を善とするパラダイム・シフトを掲げ，学習者の意識改革や行動の変革を促すことを目的としている。ESDの目標である学習者の意識改革や行動の変革を促すためには，第1に持続可能な社会の実現を学習者が強く意識することが大切であり，第2に学習者自身が社会的事象を多面的・多角的に根拠をもって考え，多くの人と議論することを通して課題に対して自己決定していくことが大切であると考える。その過程を通して学習者は自己の意識改革や行動の変革につなげていくのである。

　提案授業では，社会科地理授業を基盤として，社会的論争問題であるエネルギーの電源開発について経済面・環境面・電力の安定面・地域性の面から探究を行っている。電源開発からエネルギーの持続的利用を考え，学習者自身の意識改革や行動の変革を促すことに提案授業がつながっているか，先に述べた2つの観点を基にして解説をしていきたい。

2　地域の未来のエネルギー政策を考える授業について

　この授業は小学校第6学年の児童を対象として行われている。いきなり，「どのエネルギー源が持続可能な社会のためによいか」と問うても子どもたちは考える足場をもっていないため，判断はできないし，もちろん持続可能な社会を意識することもできない。
　その点を克服し，小学校第6学年の子どもたちにエネルギーという目に見えにくいものを見えるようにし，エネルギーの電源問題を考えていくための

手立てがこの学習には散りばめられている。

第1時では、戦後身の回りの暮らしの中で電化製品が増えたり、社会の産業が工業化されたりする中で、大量の電力が必要となってきたことを意識させている。そしてその電気がどのようにつくられているか、子どもたちが暮らす中部電力管内ではどのような発電の特性があるか確認をしている。紙面の都合上ここでは紹介されていないが、実際の授業では電気は貯めることができないものであるということを知ることと、「電気は命をつなぐ」と題し、電気と命の関係を考えているところである。人が暮らしていく上で必要不可欠な電気であるが、それは貯めることができないという欠点をもっていることがこれからの学習で価値判断する足場になるのである。

第2時では、震災前後の発電量の変化から停止された原子力発電分を火力発電や再生可能エネルギーで代替が不可能であることを知り、そこから現状の電気の使い方で大丈夫かを考えることを通して、様々な発電方法で自分が興味あるものを調べることを促している。

第3時では、様々な発電方法が目に入ってきた中で、再生可能エネルギーを取り上げ、環境面やコストや安定供給の面から一長一短があることを確認している。さらに中部電力管内にある「メガソーラーたけとよ」のみでは電力が足りないことを確認して、実際には指導者から「ソーラーパネルを各家庭につけると、原子力発電の停止分を賄えるか」という問題提起がされている。ここで問題となっているのは、コスト面と蓄電面である。太陽光発電が現時点では原子力発電の代替にはなり得ないことを確認している。時間があれば、子どもたち一人ひとりの家庭でそれは実現可能かゆっくり考えてみたかった。例えば、屋根は南側を向いているのか。屋根に太陽光を遮る物がないか。そもそも、住む所は個人の所有物かそれとも集合住宅か。子どもたち一人ひとりの条件が違い、一律に屋根に太陽光発電を乗せるという提案が成り立つのか。それはとても困難なことが認識されるはずである。

第4時では、原子力発電を再開するか新聞記事を基に考えさせている。そして今まで学んできた全国的な電力事情が実は子どもたちが住む津市でも同

様であるということを，子どもたちの校区内に建設予定の太陽光発電施設を例に取り，電力の選択について考えさせている。

　この4時間の授業では，1～4時の授業時間の終末に「あなたにとって電気はどのようなものですか」と振り返りをし，4時の終末では「あなたは電気をどのように利用していきますか」と問い，子どもたちが電源開発からエネルギーの持続的利用を考え続けることが意図されている。また，注目すべきは第3時から第4時にかけての「浜岡原子力発電の再稼働の判断の変化」の表である。ここに子どもたちの苦悩の跡が見て取れる。電力の経済性や安定性も考えつつ，安全面を優先した子どもたちの思考の結果である。

　最後にこの授業が電源開発からエネルギーの持続的利用を考え，学習者自身の意識改革や行動の変革を促すことにつながっているかを考える。まず，1の項で挙げた第1の観点であるが，子どもたちを取り巻く様々な電力を取り上げ，そのメリットとデメリットをコスト面や地理的側面や環境的な面から検討を加えている。これにより，子どもたちは目に見えにくいエネルギーが自分の視野に入り，エネルギーがいかに生み出されるかを意識するようになっている。これは，授業期間を通して行われたアンケートにも表れている。次に第2の観点であるが，4時間の授業の中で持続可能な電力の使用のために，地域の原子力発電を再開するかについて自己決定を迫っている。もちろん，この授業に費やされた時間だけで，ESDの目標である学習者の意識改革や行動の変革が達成されたわけではない。これをきっかけとして，エネルギーの持続的利用について考え続けることが大切である。

 日本の電力のベストミックスを考える授業について

　この授業は中学校第3学年の生徒を対象として行われている。「中学校学習指導要領解説社会科編」の公民的分野の内容（4）「私たちと国際社会の諸課題」のア「世界平和と人類の福祉の増大」において，資源・エネルギーの解決として位置付けられた授業である。

小学校では地域の社会的事象を教材として扱い，具体物から社会の本質に迫っていくことが多い。もちろんこれは児童の発達段階を考慮してのことである。しかし，中学校では多様な資料を見比べながら抽象的な概念もかみ砕き理解できるようになってくる。この実践でも２時間の授業に表れている。

　第１時では，「戦後の電力の増加」，「福島原発の事故による大飯原発の再稼働問題」，「再生可能エネルギーは原子力発電の代替となりうるか」という学習が行われている。これらの学習の足場となっているのが，指導者によって作成された６つの資料である。それと共に，筆者が重要視するのは第１時の終末に投げかけられた代替問題について，生徒が調べまとめた資料である。「原子力発電の代替になるのか考えながら，太陽光発電または風力発電のどちらかについて調べましょう」と課題が出ている。その際，「立地・稼働率・発電コスト等，５つの項目については必ず調べる」という条件が付いている。この調べ活動によって，生徒一人ひとりが「再生可能エネルギーは原子力発電の代替となりうるか」という課題と向き合い，その子なりの根拠を持って調べることができている。この調べが，指導者の資料にも勝る各々が考える足場となって，第２時の「太陽光発電・風力発電は原子力発電の代替になるのか」を話し合うという学習活動に向かっていけるのである。これは，持続可能な社会の実現を学習者が強く意識することにもつながる。

　話し合いの後に書かれた生徒のまとめを見ると，指導者が１つの方向に価値づけしない指導が読み取れる。あくまでも結論付けるのは生徒一人ひとりである。このような授業を継続していくことが１の項で挙げた第２の観点にあたり，ESD の目標である，学習者の意識改革や行動の変革を促すことにつながるはずある。ここでは，すべてを紹介することは難しいが，「電力供給も，電力消費も自分たちのため『人』のためなのだから，両方の面で努力をするべきです」「わたしたちでしてしまったことは，わたしたちで努力・解決しなければならないと思います」という感想は，電力の恩恵を受けている全ての人々に向かって投げかけられていると考える。

（谷本　博史）

コラム3
日本最初の水力発電所―三居沢発電所―

 三居沢（さんきょさわ）発電所訪問

　2015年11月，宮城教育大学で日本社会科教育学会の研究大会が開催された折に，日本最初の水力発電所といわれている三居沢発電所を訪問した。水力発電所というと，山の中，あるいは大きく長い川の上流ないし中流にあるというのが一般的なイメージだが，この水力発電所は，JR仙台駅から車で15分，仙台市青葉区の広瀬川沿いの市街地にある。

　この水力発電所は，三居沢電気百年館（1988年に完成）という東北電力の博物館に隣接していて，国指定の有形文化財だということである。文化財というだけあり，発電所の建物（発電機が入っている建物）は，明治末期から大正期の木造洋風建築の様式である。今尚現役であり，最大1000kW，常時290kWの出力を持っているという。三居沢電気百年館の脇には，「水力発電発祥之地」の石碑が建っている。

　この発電所が発電に用いている水は，発電所の裏山の上部から鉄の管で引かれている。鉄の管は2本見えるが，1本だけが発電機に繋がっていて。他の1本は，余った水の放水用のようである。鉄の管の上から下まではおよそ25メートルといったところ（パンフレットには26.67メートルとある）。この鉄の管の水は，この発電所の近くを流れている広瀬川の上流の堰から，山のトンネルを通って来るということである。この水は，発電に使用された後は，再び広瀬川に戻るようになっている。

 三居沢発電所の歴史

　「三居沢電気百年館」のパンフレットによれば，三居沢発電所は，1888（明治21）年に，当時この地にあった宮城紡績会社の工場内の水力を利用して，出力5kWの直流発電機で発電し，その電気は主に工場内の50灯と烏崎山

第4章　エネルギーの持続的利用を考える授業づくり　87

の1灯のアーク灯を灯すために用いられたということである。当時は，水力が紡績工場の機械の動力にも，発電にも使われていたということは興味深い。

ところで，この発電所の現在の発電機は交流発電機であるが，この発電所の出発時には，直流発電機であったことは興味深い。当初の三居沢水力発電所の発電機が直流発電機であったということは，発電機の中で発電された交流電気をわざわざ直流電気にしていたということになるのだろうか。またそれは，なぜなのだろうという疑問が生ずる。調べてみると，アーク灯は歴史的に最初の電灯で，直流電気でなければならなかったようなので，そのことが理由と思われる。パンフレットには，明治43年（1910）に，「現三居沢発電所運転開始（発電機出力1000kW）」とある。少なくともこの時には，交流発電機に変わっていたはずである。

パンフレットの「三居沢発電所」の箇所を見ると，もう一つ面白いことに気付く。それは，三居沢発電所の所有者の変遷である。初めは，宮城紡績会社であったが，明治33年（1900）には宮城紡績電灯株式会社になっている。宮城紡績会社が子会社を作ったのであろう。それが，大正元年（1912）には仙台市電気部に譲渡されている。この当時は，仙台市が電気事業を営んでいたようだ。そして，昭和17年（1942）には，東北配電に継承とあり，現在の東北電力に継承されたのは昭和26年（1951）とある。

このように見ると，なぜこのように三居沢発電所の所有者が変わったのかという興味深い歴史的な追求ができる。仙台市だけではなく，どの地域でも類似した電気事業の歴史が見られるのではないだろうか。

[参考文献]
○東北電力作成パンフレット「三居沢電気百年館」
○東北電力三居沢電気百年館
　http://www.tohoku-epco.co.jp/pr/sankyozawa/index.html（2016.8.31）

（山根　栄次）

コラム４
風力発電はもうかるのか
―ウインドパーク笠取・美里発電所―

 「ウインドパーク笠取・美里発電所」の見学からの疑問

　2011年に，中部電力とシーテックの協力により三重県津市の青山高原一帯に広がる「ウインドパーク笠取・美里発電所」を見学する機会に恵まれた。筆者が勤務する津市立成美小学校の運動場やベランダから，西側の遠く山並みの上に風力発電の風車を見ることができる。見学するまでは，津市久居の名所の一つで環境への負荷が少ない発電施設ぐらいにしか考えていなかったが，風車の真下に立ち，風車の中にも入り，建設の仕方から整備の仕方，建設費用や維持費用を聞くにあたって，「果たしてこの風力発電は環境への負荷も少なく，採算も取れる発電施設なのか」という疑問が頭に浮かんできた。

 「ウインドパーク笠取・美里発電所」の数値を調べる

　当時見学した時には，シーテック風力発電が稼働する風力発電は27基あった。「ウインドパーク笠取発電所」は2000kWの規模の風車が19基，「ウインドパーク美里発電所」は2000kWの規模の風車が8基である。見学時や見学後にシーテックに可能な限りで建設費用や維持費用を聞いてみた。企業秘密の部分もあり，新聞の情報も得て，風力発電は採算が取れるのかを計算してみた。この内容について，2012年に勤務校の6学年の1クラスで，「風力発電はもうかるのか？」というテーマで2時間の特設授業を行った。

　机上の計算では，約8年で風車の設置費用は減価償却できることとなるが（次ページの数値と計算式を参照），この通りになるとは限らない。見学した折にも，稼働していない風車があり，シーテックに「何基稼働していないか教えてほしい」と聞いたところ，「それは教えられないことになっています」と答えが返ってきた。2013年4月7日には「ウインドパーク笠取発電所」の風車が，発達した低気圧により瞬間風速が毎秒40メートルを超える猛烈

第4章　エネルギーの持続的利用を考える授業づくり　89

な風にあおられて，直径83メートルの風車が破損し，発電設備ごと地上に落下してしまうという事故も起こった。机上の計算が当てはまるのか，これからの推移を見守っていきたい。

風力発電はもうかるのかの数値と計算式

<u>基本となる数値</u>
・1基あたりの設置費用は6億円である（シーテック聞き取り）。
・耐用年数は20年とする（シーテック聞き取り）。
・維持費は1基500万円とする。数値の根拠は（中日新聞2012.4.21の記事）である。平成24年7月から「再生可能エネルギーの固定価格買取制度」がスタートしている。風力発電は1kWhの買い取りが22円である。
・風力発電の年間設備利用率20％である（経済産業省の指標より）。

<u>利益を求める計算式</u>
・1基あたりの売電価格
　2000kW × 22円 × 24時間 × 365日 × 0.2 = 7708万8000円
・年間の維持費(1基あたり)：500万円
・1基あたりの売電価格 − 年間の維持費 ＝ 利益
　7708万8000円 − 500万円 ＝ 7208万8000円
・減価償却期間を求める
　6億円 ÷ 7208万8000円 ＝ 8.3… 8.3年で元が取れる計算となる。

 3　風力発電豆知識

　風力発電を調べる中で，新たに知ったこともある。例えば，風車は季節風に向くように向きが自動制御されていることや台風時等風速15mを超える時にはストップしてしまうことや風車の中には点検用のエレベーターと万一のためのはしご（高さ60mまではとても私は上れないが）が付いていることなどである。調べればまだ多くの謎が風車の中には詰まっている。

（谷本　博史）

第5章 エネルギーと持続可能な社会との関係を考える授業づくり

第1節
100万都市江戸におけるエネルギー使用の持続可能性を考える授業 （小6 社会）

1 授業づくりの意図

（1）エネルギー教育における歴史学習の位置付け

　現代社会はエネルギーの大量消費の上に成り立っており，それに伴う環境の悪化やエネルギー資源の枯渇，エネルギー資源の偏在や分配に関わる紛争など様々なエネルギー問題が起こっている。社会科エネルギー教育で扱うエネルギー問題は，子どもたちの日常生活に直接関わる社会的論争問題として設定することができる。子どもたちが持続可能な社会の形成を目指して，社会的論争問題の議論に参加するためには，現在の問題の状況だけでなく，過去の意思決定が現在の問題にどのような影響を与えてきたのかを理解しなくてはならない。したがって，エネルギー教育においてエネルギー問題に対する過去の意思決定について考えることのできる歴史学習が必要となる。

　本実践では，エネルギーを「物を動かしたり，熱を出したり，光を出したり，私たち生き物が活動したりするのに必要なもので，なにか仕事をする力のこと[1]」ととらえる。また，使用されたエネルギーやエネルギー資源，エネルギー資源の獲得方法，そしてエネルギー資源の供給地を含む全体をエネルギー構成と定義する。エネルギー構成の変化は歴史上何回か生じている。当時のエネルギー構成がどのような問題を生じさせ，問題への対応としてどのような意思決定がなされたのかについて考えることは，子どもたちがエネルギーに関する社会的論争問題の議論に参加する上で極めて重要である。

第5章　エネルギーと持続可能な社会との関係を考える授業づくり　91

（2）　エネルギー教育における小学校歴史学習の目的

　現行の小学校学習指導要領・社会において，エネルギーに関わる事象を歴史的にとらえていく学習は，中学年の内容（5）ア「古くから残る暮らしにかかわる道具，それらを使っていたころの暮らしの様子」が該当する。具体的には，「道具」として，洗濯桶・洗濯板・かまど・七輪・火鉢などを取り上げ，電気があまり使われていなかった「昔」と電気が広く使われている「今」の暮らしを比較することにより生活の様子の違いをとらえる。しかし，対象とする昔は，さかのぼっても近代の昭和初期程度である。また，エネルギー資源や，資源の供給地などをとらえていこうとする視点が弱い。

　現行の小学校学習指導要領・社会の第6学年の歴史学習に対応する内容（1）の「我が国の歴史」には，エネルギーの文言は示されていない。しかし，その内容の中に示されている「自分たちの生活の歴史的背景」という文言を広くとらえるならば，第6学年の歴史学習において，その時代において必要なエネルギーとその使用や獲得について取り上げることが可能である。

　筆者は2015年度と2016年度の2年間にわたり第6学年の歴史学習においてエネルギーを取り上げた。本稿では2016年度の実践を中心に述べていく。

　本実践の目的は，第6学年の歴史学習において100万都市江戸のエネルギー構成をとらえ，100万都市江戸においてどのようなエネルギー問題が生じ，その問題への対応として行われた当時の人々の意思決定にもとづく工夫の有効性について社会状況と関連させて考えることを通して，100万都市江戸におけるエネルギー使用の持続可能性について判断することである。

（3）　エネルギー教育における歴史学習の視点とエネルギーの転換期の内容

　エネルギーは人間の生活全般に関わるものであり，その全てを学習の対象とすることはできない。そこで，授業では子どもたちにとってエネルギーがどのように使用されていたのかイメージしやすい「家庭生活」，「産業」，「運輸・交通」という3つの部門に着目させる。「家庭生活」は，子どもたちにとっ

て，炊事，暖房，照明などエネルギーを使用する最も身近な部門である。「産業」はエネルギー構成の変化に大きく関わる部門である。「運輸・交通」は，家庭生活や産業を成り立たせるのに必要な部門であり，乗り物の変化は子どもたちにとってもイメージしやすい。

　この3つの部門に着目させることで，子どもたちに当時のエネルギー構成をとらえさせていく。授業において，子どもたちは，かまどで火を焚いて調理をする様子から，「木炭を燃やしているから，木のエネルギーが必要」と発言していた。授業では木のエネルギーといった，エネルギーの資源を示す呼び方が子どもたちにとってわかりやすいと考え，このような呼称を用いた。

　本稿では，エネルギー構成が変化した時代をエネルギーの転換期と位置付ける。以下，エネルギー構成の転換期における内容を示す。

　縄文時代は，人力，畜力，木のエネルギーを，食料，飼料，木材といった資源を生活圏内で獲得し，消費することで使用していた。鎌倉時代は，これに帆船の動力としての風力，水車の動力としての水力エネルギーが加わり，資源を市の成立によって生活圏外からも獲得し，消費することで使用していた。江戸時代は，エネルギーは変わらずに，交易が拡大して資源を日本全国や蝦夷地からも獲得し，消費することで使用していた。明治時代は，石炭，水力や火力による電気エネルギーが加わり，資源を開国によって東アジアからも獲得し，消費することで使用していた。この頃は水力発電が優位だった。昭和の戦争前後は，エネルギーは変わらずに，貿易が拡大して資源を太平洋全域からも獲得し，消費することで使用していた。昭和の高度経済成長期は，石油エネルギーが加わり，資源を中東からも獲得し，消費することで使用していた。この頃には，畜力や木，帆船の動力としての風力，水車の動力としての水力などは主要なエネルギーではなくなっている。また，水力に代わり火力発電が優位になった。昭和の石油危機後は，天然ガス，原子力による電気エネルギーが加わり，資源を中東中心の世界各地から獲得し，消費することで使用していた。平成においては，風力，太陽光による電気エネルギーが加わり，資源を世界全域から獲得し，消費することで使用している。

第5章　エネルギーと持続可能な社会との関係を考える授業づくり　93

2 授業の概要

（1） エネルギー教育における歴史学習の小単元の構成

　2015年度は，四日市市立泊山小学校第6学年において，エネルギーの転換期である，縄文，鎌倉，江戸，明治，昭和の戦争前後，昭和の高度経済成長期，昭和の石油危機後，現代の平成の単元において通常の歴史授業を行った上で，各時代のエネルギー使用の持続可能性を考える授業を3時間の小単元として設定した。エネルギー使用の持続可能性についての認識を形成するために，授業では次の3段階を設定した。

第1段階…エネルギー構成の基礎的認識の段階である。ここでは，「どのようなエネルギーが必要か」，「エネルギー資源は何か」，「資源はどこから来ているか」という3つの課題について，教科書や資料集にある当時の「家庭生活」，「産業」，「運輸・交通」が描かれている絵や図をもとに調べ，エネルギー構成の基礎的認識を形成する。

第2段階…エネルギー使用に関する問題の認識の段階である。ここでは，「どのようにしてエネルギー資源を確保していたか」というエネルギー使用における安定性・有限性を問う課題，「エネルギーの使用からどのような社会問題が発生したか」というエネルギー使用における有害性を問う2つの課題から，エネルギー使用に関する問題の認識を形成する。

第3段階…エネルギー使用の持続可能性への認識の段階である。ここでは，各時代の社会において，「このままエネルギーを使い続けることができるだろうか」という課題を話し合い，エネルギー使用を持続させるために行われていた工夫という当時の意思決定の有効性について当時の社会状況との関連から判断し，エネルギー使用の持続可能性への認識を形成する。

　2015年度の実践では，エネルギーの転換期ごとに小単元を設定して授業を行った。2016年度の実践では，前年度よりも工夫の有効性を具体的な当時の社会状況と関連させて考えることを通して持続可能性を判断させるために，江戸時代のみに絞り，4時間の小単元を設定して授業を行った。

（2）　各時代のエネルギー使用の持続可能性を考える授業全体の経過

　2015年度に実践した各時代のエネルギー使用の持続可能性を考える授業では，エネルギーの転換期である各時代の単元終末に3時間の小単元を設定して授業を行った（表5－1参照）。3段階に対応して子どもたちに期待される認識形成を以下に示す。

　各時代のエネルギー構成の基礎的認識は，前述したエネルギーの転換期における内容と同じものである。縄文時代の問題認識は，定住が進むと資源不足が起きることであり，持続可能性への認識は移住や栗の栽培などの工夫について判断することで形成される。鎌倉時代の問題認識は，人口増加により森林資源の奪い合いが起きることであり，持続可能性への認識は，伐採制限などの工夫について判断することで形成される。江戸時代の問題認識は，木材消費が増加して禿山が増え，土砂崩れや洪水が起きることであり，持続可能性への認識は植林などの工夫について判断することで形成される。明治時代の問題認識は，石炭の使用による煤煙や廃水による公害や炭鉱事故が起きることであり，持続可能性への認識は産業の発展による生活の向上という工夫について判断することで形成される。昭和の戦争前後の問題認識は，紛争によって国外から資源を得られなくなることであり，持続可能性への認識は軍事力で資源を獲得するという工夫について判断することで形成される。昭和の高度経済成長期の問題認識は，大きな公害が起きることであり，持続可能性への認識は民間や行政，企業が行った公害を減らす工夫について判断することで形成される。昭和の石油危機後の問題認識は，石油は有限で紛争により輸入が減少する可能性があるということであり，持続可能性への認識は天然ガスや原子力など多様なエネルギーを使用するという工夫について判断することで形成される。平成の問題認識は，資源の枯渇や原子力事故が起きることであり，持続可能性への認識は子どもたちの考える未来のエネルギー構成が持続可能なのかについて判断することで形成される。

　また，資源を安定して確保するために，市の成立や開国などによって資源の獲得地域を拡大させるという工夫が各時代においてなされている。

表5-1　エネルギーの転換期である各時代の小単元の配列

単元	認識の段階	授業の経過 ○「　」は課題、「　」は児童の発言。		
縄文（古代）	基礎的認識	○「どのようなエネルギーが必要か」「木のエネルギー」「人力エネルギー」「動物エネルギー」	○「エネルギー資源は何か」「木、薪、炭」「食べ物、肉、魚、木の実」「食べ物」	○「資源はどこから来ているか」「近くの山、森、林」「村の近くの森、川、海」「村の近くの森」
	問題の認識	○「どのようにしてエネルギー資源を確保していたか」 「近くの山や森で手に入れていた」 ○「エネルギーの使用からどのような社会問題が発生したか」 「木を切りすぎたら足りなくなる」「人口が増えてくると食べ物も足りなくなる」※移住や栗の栽培という工夫を資料で伝えた。		
	持続可能性への認識	○「このままエネルギーを使い続けることができるだろうか」 「木がなくなったら引越しをすればいい」「遠くには木がまだたくさんある」「人口が少ないから採り尽くすことはない」「この時代では良い方法だった」など、持続可能と考えた。		
鎌倉（中世）	基礎的認識	○「どのようなエネルギーが必要か」「木のエネルギー」「人力エネルギー」 「動物エネルギー，牛」	○「エネルギー資源は何か」「木、薪、炭」「米、粟、野菜、塩」「製塩に木が大量に必要」「草」	○「資源はどこから来ているか」「遠くの山から運ぶ」「村」「遠くの山から運ぶ」「村」
	問題の認識	○「どのようにしてエネルギー資源を確保していたか」 「近くの山に木が無いから、遠くの山から運ばなくてはいけなくなった」 ○「エネルギーの使用からどのような社会問題が発生したか」 「木がたくさん必要になってくる」「近くの山は禿山になる」「遠くの山から木を運ぶのは大変」「木を巡って争いが起こる」※争いを防ぐために山札という入山許可証を出す工夫を資料で伝えた。		
	持続可能性への認識	○「このままエネルギーを使い続けることができるだろうか」 山札について、「罰則が恐いから守る」「木はどんどん使う、守れない」「他の山に行って見つからずに切る人が出る」など、やがて木が足りなくなり持続が難しくなると考えた。		
江戸後期（近世）	基礎的認識	○「どのようなエネルギーが必要か」「木のエネルギー」「人力エネルギー」 「動物エネルギー，馬、牛」「風力エネルギー，船」「水力エネルギー，水車」	○「エネルギー資源は何か」「木、薪、炭」「米、粟、野菜」「肥料の干鰯や干鰊」「魚、水産物」「草」「風」「水」	○「資源はどこから来ているか」「屋久島、九州、東北など全国」「村」「蝦夷のアイヌの人たち」「鹿児島、下関、津軽など全国」「村」
	問題の認識	○「どのようにしてエネルギー資源を確保していたか」 「資源の消費が増えてきたので、日本中や蝦夷から集めるようになった」 ○「エネルギーの使用からどのような社会問題が発生したか」 「木や炭は生活にたくさん使う、人口も増えて足りなくなる」「禿山が増えてくる」「木が減ったら土砂崩れが起きて困る」※交易を全国へ拡大させたことや、植林という工夫を資料で伝えた。		
	持続可能性への認識	○「このままエネルギーを使い続けることができるだろうか」 交易について、「アイヌの人たちとまた戦争になったら売ってくれなくなるかもしれない」「不平等な取引だと売ってくれなくなる」など、交易の持続は確実ではなく、やがて木などの資源が足りなくなり持続が難しくなると考えた。		
明治（近代）	基礎的認識	○「どのようなエネルギーが必要か」「木のエネルギー」「人力エネルギー」「動物エネルギー，馬車」「風力エネルギー，船、風車」「水力エネルギー，発電」「石炭エネルギー，発電、蒸気」「石油エネルギー，石油ランプ」	○「エネルギー資源は何か」「木、薪、炭」「米、パン、野菜、肉」「草」「風」「水」「石炭」「石油」	○「資源はどこから来ているか」「全国」「自分で作る、お店で買う」「近くの地域」 「北九州、北海道」「アメリカ」
	問題の認識	○「どのようにしてエネルギー資源を確保していたか」 「開国したから外国から輸入することができるようになった」「外国に使い方を教えてもらった」 ○「エネルギーの使用からどのような社会問題が発生したか」 「石炭を使うと公害や大気汚染が起きる」「水が汚れ食べ物も汚染される」※公害よりも産業の発展を優先させて生活を向上させていた工夫を教科書や資料集で伝えた。		
	持続可能性への認識	○「このままエネルギーを使い続けることができるだろうか」 「石炭はまだあるから使い続けることができる」「足りなくなったら輸入できる」「たくさん鉄を作るのにも石炭は必要」「大気汚染で使えなくなる」「事故が起きて採ろうという人がいなくなる」など、石炭は生活に必要であり、枯渇していないので持続可能だが、問題が多いと考えた。		

時代	認識区分	「どのようなエネルギーが必要か」	「エネルギー資源は何か」	「資源はどこから来ているか」
昭和（戦前～昭和三〇年頃）	基礎的認識	○「どのようなエネルギーが必要か」「木のエネルギー」「人力エネルギー」「水力エネルギー，発電」「石炭エネルギー，発電」「石油エネルギー，戦車や飛行機」	○「エネルギー資源は何か」「木，薪，炭」「米，芋，野菜，配給」「水」「石炭」「石油」	○「資源はどこから来ているか」「お店で買う」「お店で買う，配給でもらう」「北九州，北海道，満州」「インドネシア，アジア」
	問題の認識	○「どのようにしてエネルギー資源を確保していたか」「戦争をして満州やアジアから取ってきていた」 ○「エネルギーの使用からどのような社会問題が発生したか」「戦争が始まると外国から輸入できなくなる」「戦争に負けると満州から石炭は来なくなる」※占領地から資源を得ようとした工夫を教科書や資料集で伝えた。		
	持続可能性への認識	○「このままエネルギーを使い続けることができるだろうか」「始めは勝っていたから石油を手に入れることができた」「戦争に負けてくると石油は手に入らない」など，持続は難しいと考えた。		
昭和（高度経済成長期）	基礎的認識	○「どのようなエネルギーが必要か」「水力エネルギー，発電」「石炭エネルギー，発電」「石油エネルギー，発電」	○「エネルギー資源は何か」「水」「石炭」「石油」	○「資源はどこから来ているか」「北九州，北海道」「中東，サウジアラビア」
	問題の認識	○「どのようにしてエネルギー資源を確保していたか」「石油は外国から輸入していた」「外国から新しいエネルギーが伝わった」 ○「エネルギーの使用からどのような社会問題が発生したか」「四大公害のような公害が起こる」「四日市ぜんそくなど」※民間や行政，企業の努力により公害を減らす工夫を教科書や副読本で伝えた。		
	持続可能性への認識	○「このままエネルギーを使い続けることができるだろうか」「経済が発展して，人口も増えて，公害が増えていく」「経済が発展していく中で公害が起きた」など，これからも公害が増えるので持続は難しいと考えた。		
昭和（石油危機後）	基礎的認識	○「どのようなエネルギーが必要か」「水力エネルギー，発電」「石炭エネルギー，発電」「石油エネルギー，発電」「天然ガスエネルギー，発電」「原子力エネルギー，発電」	○「エネルギー資源は何か」「水」「石炭」「石油」「天然ガス」「ウラン」	○「資源はどこから来ているか」「北九州，北海道」「中東，サウジアラビア」「中東，オーストラリア」「カナダ，オーストラリア」
	問題の認識	○「どのようにしてエネルギー資源を確保していたか」「石油は外国から輸入していた」「戦争が起こると輸入できなくなってしまう」 ○「エネルギーの使用からどのような社会問題が発生したか」「石油はいずれなくなってしまう」「また石油危機が起こって石油が入ってこなくなるかもしれない」※世界各地から多様な資源を輸入する工夫を資料で伝えた。		
	持続可能性への認識	○「このままエネルギーを使い続けることができるだろうか」「石油製品を減らし石油をできるだけ使わないようにすれば大丈夫」「天然ガスなどの新しいエネルギーを使えば良い」など，石油以外のエネルギーを使うことで持続可能性は増したが，石油などの化石燃料は枯渇するので持続は難しいと考えた。		
平成（現代）	基礎的認識	○「どのようなエネルギーが必要か」「水力エネルギー，発電」「石炭エネルギー，発電」「石油エネルギー，発電」「天然ガスエネルギー，発電」「原子力エネルギー，発電」「風力エネルギー，発電」「太陽エネルギー，発電」	○「エネルギー資源は何か」「水」「石炭」「石油」「天然ガス」「ウラン」「風」「日光」	○「資源はどこから来ているか」「外国から輸入」「中東，サウジアラビア」「中東，オーストラリア」「カナダ，オーストラリア」
	問題の認識	○「どのようにしてエネルギー資源を確保していたか」「ほとんどの資源を外国から輸入している」 ○「エネルギーの使用からどのような社会問題が発生したか」「人口が増えている分，エネルギーをたくさん使う」「石油や石炭が無くなれば，飢え死にしてしまう」「原子力は事故があると危ない」※持続可能な未来のエネルギー構成の必要性を確認した。		
	持続可能性への認識	○「このままエネルギーを使い続けることができるだろうか」「石油は40年で尽きてしまう」「原子力は安定して大量のエネルギーを生むが事故が起こると危険」「天然ガスは石油に比べてクリーンで安定しているが，タンカーで運ぶので戦争などで輸入が難しくなるかもしれない」「風力，水力，太陽光など自然エネルギーをもっと使うべき」「自然エネルギーは不安定でコストが高く，天候にも左右される」「電気の消費量は増えている，自然エネルギーだけでは足りない」「水力発電を増やす，水資源が豊富な日本に向いている」「自然エネルギーとクリーンな天然ガスを使う」など，何か特定のエネルギーを使用するのではなく，安定性や有害性の観点からバランスの取れたエネルギー構成であれば持続可能であると考えた。		

※筆者作成

第5章　エネルギーと持続可能な社会との関係を考える授業づくり

（3） 小単元「100万都市江戸の暮らしを支えるエネルギー」の展開

　2016年度は，四日市市立泊山小学校第6学年において，100万都市江戸の持続可能性について判断する実践を行った。

　江戸時代は人口の大幅な増加が見られ，江戸の町は100万都市として現代と類似したエネルギー問題が発生していた。そこで，江戸時代後期を事例とした小単元「100万都市江戸の暮らしを支えるエネルギー」を取り上げる。

　本小単元は，江戸時代の通常の歴史学習の単元「江戸の社会と文化・学問」において，産業の発達や町人文化の広がりを学習した後に4時間で実践した。

　第1時のエネルギー構成の基礎的認識の段階では，100万都市江戸におけるエネルギー構成に注目させるために，「家庭生活」に焦点を当て，長屋における生活風景の絵も資料として配布し，そこから子どもたちは，エネルギー構成をつかんだ。「家庭生活」における炊事・暖房・照明で使用されていたエネルギーは薪や木炭，魚油であり，木炭は江戸周辺の12カ国から炭俵で年平均238万2680俵も運ばれていた[2]。魚油の原料である鰯は江戸湾で豊富に捕れるので問題ないが，木炭の消費量に子どもたちは驚いていた。

　エネルギー使用に関する問題の認識の段階は2時間で学習を行った。第2時では，木が少ない山が描かれている『東海道五十三次』を見て，木炭エネルギーを大量に使用することで森林資源の減少が生じ，土砂崩れや洪水が起きるといったエネルギー使用における問題について考えた。子どもたちが考えた「木が減ることで木や炭の値段が上がる」，「木が無くなったら生活ができない」という問題をもとに，第3時では問題を解決して木炭を安定確保するための工夫を考えた。当時は，遠隔地からの輸送による木炭の確保，植林，木の伐採制限と違反者への罰則，木炭の低価格化，リサイクルといったごみの燃料資源化による木炭消費の軽減などの工夫がなされていた。子どもたちは，授業において木炭の低価格化以外の工夫を考えることができた。

　第4時のエネルギー使用の持続可能性への認識の段階では，工夫の有効性について，当時の社会状況と関連させて話し合うことを通して，子どもたちは100万都市江戸におけるエネルギー使用の持続可能性について判断した。

（4）　第4時「100万都市江戸のエネルギーは大丈夫？」の指導案

　当時の幕府や江戸の人々の意思決定に基づいて，エネルギー資源の安定確保のために行われていた工夫の有効性を話し合い，エネルギー使用の持続可能性について判断する授業が最も重要と考え，第4時を本時とした。本時の目標と授業展開を以下に示す。

○江戸時代の第4時：「100万都市江戸のエネルギーは大丈夫？」

本時の目標…100万都市江戸においてエネルギー資源の安定確保のために行
　われていた工夫の有効性について当時の社会状況と関連させて考えること
　を通して，江戸のエネルギー使用が持続可能だったのかを判断する。

	学習内容	主な発問・指示	学習活動	指導上の留意点
導入	○エネルギー資源を安定確保するための工夫	○「エネルギー問題を解決するためにどんな工夫がなされていただろうか」	○前時に考えた工夫を振り返る。	○前時までの板書の写真を提示して，考えた工夫を思い出させる。 ○前時において子どもたちから意見がでなかった工夫については資料で提示する。
展開	○エネルギー資源を安定確保するための工夫の有効性	○「エネルギー資源を安定確保するための工夫は有効だったのだろうか」 ・遠隔地からの木炭確保 ・植林 ・木の伐採制限 ・低価格化 ・リサイクル	○工夫の有効性について話し合う。	○工夫が有効か，無効か立場を明確にさせる。 ○遠隔地からの木炭確保：「遠くには木がまだ沢山あるから良い」，「遠くから運ぶと高くなる」，植林：「幕府も勧めているから植林をすべき」，「植林しても育つまで時間がかかる」，木の伐採制限：「罰があるからみんな守る」，「木は毎日必要だからこっそり切る人がいる」，低価格化：「安くすればみんなが買える」，「儲けたい商人は安くしない」，リサイクル：「ごみを燃やせば木炭が節約できる」，「ごみくらいでは足りない」といった意見を取り上げる。 ○有効だと考える根拠が当時の社会状況の中で成り立つのかと問いかけ，考えさせる。
まとめ	○エネルギー使用の持続可能性	○「このままエネルギーを使い続けることができるだろうか」	○エネルギー使用の持続可能性を判断する。	○工夫が当時の社会状況の中で有効だったのか話し合ったことを基に，エネルギー使用が持続可能か，持続不可能かを個人で判断させる。

　本時の展開の部分では，それぞれの工夫の有効性について子どもたちから次のような意見がでた。遠隔地からの木炭確保については，「遠いところから運んできても木は無くなっていく」，「アイヌの人たちが怒って，また戦争に

第5章　エネルギーと持続可能な社会との関係を考える授業づくり　99

なるかもしれない」。植林については，「幕府が指示しているから，みんな納得して行う」，「木は育つのに10～20年かかる。追いつかないと思う」。低価格化については，「これでみんなが買えるようになった」，「みんなが炭を買うと木が無くなってしまう」。リサイクルについては，「すぐに実行できる良い方法だと思う」，「ごみでは足りない，100万都市の江戸では炭はたくさん必要で節約はできないと思う」。木の伐採制限については，「幕府の法律だからみんな守ると思う」，「みんな法律は守らないと思う」という意見が子どもたちの間で対立した。そこで，江戸の治安を守る町奉行所の人数が374名[3]だったことを伝えると「警察が少ないからこっそり切ると思う」という意見がでた。しかし，「罰則があり牢に入れられるから守る」という反論もでてきた。罰則について話し合う中で「牢屋ってどんなところだろう」という質問が子どもからでてきたので，当時の牢の様子を『伝馬町牢屋敷の図』で提示した。牢の中に多くの人がすし詰め状態にされている絵を見て，「牢に入っている人がすごく多い。法律を守らない人が多かったと思う」という意見がでるなど，子どもたちの多くが伐採制限の工夫は有効ではないと考えた。

　本時において用いた奉行所の人数や牢屋の様子といった資料は100万都市江戸におけるものであり，実際に木を切り江戸に木炭を供給していた地域の全てにおいて同様の社会状況が生まれていたということはできない。しかし，江戸よりも警察機構が充実して監視が行き届き，法令の違反者が少なかった地域は非常に限られていると考え，江戸における資料を用いた。

　本時のまとめの部分では，100万都市江戸におけるエネルギー使用の持続可能性について子どもたちから次のような意見がでた。「みんなが買えるように炭を安くしたらたくさん買ってしまって節約にならないし，勝手に木を切ることを禁止しても守っていない人が多い」，「植林だと木が育つのに時間はかかるし，ルールを決めても守る人や，守らない人がいて上手くいかないと思う」など，子どもたちのほとんどが工夫は有効に機能せず，森林資源の減少が今後も進んでいくために，100万都市江戸において木炭を資源とするエネルギーは使い続けることができないと判断した。

3 授業の成果と課題

　本実践における成果の１点目は，エネルギー資源を安定確保するための工夫の有効性を，当時の社会状況と関連させて考えることができたことである。遠隔地からの木炭確保の工夫の有効性について考える場面においては，「アイヌの人たちが怒って，また戦争になるかもしれない」と，アイヌの人たちとの交易において紛争が起こっていたという当時の社会状況を基に考えることができた。木の伐採制限の工夫の有効性について考える場面においては，「牢に入っている人がすごく多い。法律を守らない人が多かったと思う」と，警察機構が貧弱で入牢者が多いという当時の社会状況を基に考えることができた。リサイクルの工夫の有効性について考える場面においては，「ごみでは足りない，100万都市の江戸では炭はたくさん必要で節約はできないと思う」と，100万都市では家庭生活に欠かせない木炭の消費量が膨大になるという当時の社会状況を基に考えることができた。

　リサイクルといった資源を確実に節約できる工夫の場合でも，生活の中で木炭を大量に消費する前近代社会の100万都市という社会状況の基では工夫が不十分であり，有効に機能しないと子どもたちは考えることができた。このようにエネルギー問題への工夫の有効性について社会状況を基に考えることは現代においても必要である。風力発電や太陽光発電などは，石油資源を確実に節約し，環境保全にも有効な工夫であるが，現代の膨大な電力消費量や敷地確保の困難性などの社会状況を基に考えなければ本当に有効な工夫なのか判断できない。100万都市江戸を事例として考えることで，子どもたちは現代のエネルギー問題を考える視点を身につけることができたと考える。

　２点目は，当時の社会状況と関連させた工夫の有効性を踏まえ，100万都市江戸の持続可能性について判断できたことである。江戸時代は自然エネルギーを使用し，持続可能な社会だったと一般的には考えられている。しかし，江戸社会においては自給できる肥料では足りずに金肥が必要であった。金肥を作るために国内の山や海の資源が投じられ水害や土砂流失が起こり，18世

紀前半には水田リスク社会に至っていたという研究がある[4]。また，江戸時代の環境との共生や人付き合いの方法などが過度に評価される現状は，メディアによる部分的な強調や見たくない部分の削除にあるとする研究もある[5]。子どもたちの意見をみると，「昔はエネルギー問題など存在せず，江戸時代は持続可能社会だった」といったイメージを持ち込むこと無く，アイヌの人たちとの紛争や，貧弱な警察機構と満員の牢屋，100万都市での家庭生活によって消費される膨大な木炭といった当時の社会状況との関連においてとらえた工夫の有効性を踏まえて，持続可能性を判断することができていた。

　課題としては，本時の展開の部分において植林と低価格化の工夫について社会状況と関連させた意見がでなかったことである。植林に関しては，「木は育つのに10～20年かかる。追いつかないと思う」という意見がでたが，これは現代でも同様であり当時の社会状況は関連していない。低価格化に関しては，「みんなが炭を買うと木が無くなってしまう」という意見がでたが，これは生活の中で多くの木炭を必要とする前近代社会に共通することであり，100万都市江戸の社会状況は特に関連していない。100万都市江戸という社会状況と関連させて工夫の有効性を考えさせるためにはより具体的な資料の提示や話し合う時間の充実が必要であったと考える。

〔注〕

（1）石原淳・鈴木真「小学校高学年『電気とわたしたちのくらし』」佐島群巳，高山博之，山下宏文編『エネルギー環境教育の理論と実践』国土社，2005，p.108を参考にした。

（2）日本木炭史編纂委員会編『日本木炭史』社団法人全国燃料会館，1960，p.269

（3）江戸東京博物館編『図表でみる江戸・東京の世界』江戸東京博物館，1998，p.14

（4）武井弘一『江戸日本の転換点』NHK出版，2015，p.268を参照した。

（5）奥野卓司『江戸〈メディア表象〉論』岩波書店，2014を参照した。

〔参考文献〕

○『環境の日本史』全5巻，吉川弘文館，2012～2013

○田中紀夫『エネルギー環境史I～III』ERC出版，2001～2002

（萩原　浩司）

第2節
電力の歴史から電力自由化への対応を考える授業
（中3　社会）

 授業づくりの意図

（1）　競争を許していいの？　～子どもの思いと電力政策のズレ～

　本実践は，平成27年度三重大学教育学部附属中学校において，当時担当していた第3学年を対象に社会科エネルギー授業として開発したものである。

　11月に公民的分野において経済の学習を行っていたときのことである。電気・ガス・水道などのいわゆる「公共料金」となっているサービスでは，自由競争が認められるべきではないと考える子どもが大半を占めていた。その主な理由としては，「各家庭に安定供給できない可能性がでてくる」，「競争しても発展性があるものではない」，「競争よりも安心・安全が求められる分野である」，「事故があったときにどこがフォローしてくれるのか？」，「価格が安定しないと経済への影響が大きくなる」といったことを挙げていた。多くの子どもが「電気・ガス・水道などのサービスへは安易に競争の原理が持ち込まれるべきではない」と感じていたのである。

　年が明け，テレビや新聞などにおいて，2016年4月から開始されることが決定していた「電力小売りの全面自由化」（以下，「電力自由化」）についての報道が多くみられるようになってきた。多くの子どもの考えが，見事に覆され，電力政策とのズレが生じたことが目に見える形で明らかになったのである。それに伴い，子どもの日常会話の中にも，「電力自由化って電気代安くなるの？」，「電力会社変えた方が得なん？」，「内容がよく分からん」といったように電力自由化に関することが，度々登場してくるようになった。また，家の人が電力自由化の詳細を知りたがっているということで筆者のところに質問に来る子どももでてきた。

　子どもの思いと電力政策のズレとともに，子どもから自然に出てきた電力政策に対する問いを基に，公民的分野で電力自由化について単元を構成し，国のエネルギー政策や私たちの生活への影響を追究していくことにした。

第5章　エネルギーと持続可能な社会との関係を考える授業づくり　103

(2) 電力自由化で暮らしはよくなるの？　〜多面的・多角的に考える〜

　単元構想においては，子どもの率直な思いや疑問を組み込みたいと考えていた。そこから追究を始めることが，子どもが電力自由化との接点をより身近に感じ，意欲的に取り組むことができると考えたためである。そこで，「電力自由化についてどんなことを学びたいか」について簡単な記述式アンケートをとった。その結果，「価格は安くなるのか」，「安定供給は守られるのか」，「競争によって環境への影響は出るのか」と大きく３つの要素が出された。消費者として極めて自然な視点であり，電力自由化を自分事としてとらえている結果とも受け取ることができた。電力自由化によって自分たちの生活が今よりもよくなるのかどうかを知りたいようであった。

　当時の社会状況に目を向けると，価格への国民的関心が非常に高く，報道等でも，その点ばかりがクローズアップされている感があった。しかし，「電力自由化」を考えるにあたっては，それが一面的なとらえにならないような手だてが必要と考えていた。持続可能な社会の実現を担っていく子どもの育成を目ざす際，それだけでは不十分であるという思いがあったためである。幸いにも，子どもから出された３つの要素は，それぞれが独立しているものではなく，相互に関連性があるものだった。単元構想においても，この関連性は重視した。

2　授業の概要

　本単元「電力自由化が私たちの生活にもたらすもの」（５ｈ）は公民的分野の内容（４）イ「よりよい社会を目指して」における日本のエネルギー問題に対応させ，これからの時代を切り拓いていく子どもの疑問や思いを大切にしながらも，経済的な視点にとどまるのではなく，よりクリーンな発電方法や環境保全との関わりについての視点も視野に入れて実施した。図5−1は単元構想図である[1]。

11月，公共料金に関する学習の際の多くの生徒の考え「**水道・ガス・電気などの分野には競争が持ち込まれるべきではない**」
（理由）競争しても発展性がない，安全や安心が求められる分野
価格が安定しないと経済に影響が出る，価格が安いところに人口や企業が集中

（雲形）安定供給って何？今は安定供給できていないの？

（雲形）電気料金は本当に下がるの？

（枠）電力自由化の開始

（雲形）競争によって環境には影響が出ないの？

1　なぜ再び電力自由化が実施されるのか
経済的視点
規制緩和の流れ，経済活性化，今の独占体制は不公平，競争により価格を下げる
消費者視点
各家庭がよいと思った企業から買える，「選べない」という現状がよくない，消費者の判断が尊重される
エネルギー視点
環境面への配慮から新しい発電方法の開発を進める，技術向上で一層の安定供給を
（経済産業省の見解）
①安定供給を確保する
②電気料金を最大限抑制する
③需要家の選択肢や事業者の事業機会を拡大する

2　電気の安定供給につながるか
安定供給につながる
発電所が増えるであろう
客をとるため安定供給をうりにしていく
多くの企業の参入によりお互いフォローし合える
競争により，安定供給できる企業が生き残る
安定供給にはつながらない
みんなが同じ企業に集中すると供給が追い付かない
発電の総量自体が増えていかないと難しい
震災時に本当に機能するのか，不透明
競争で企業が少なくなっていくと結局今と同じ

企業間での協力体制が必要なのではないか？
政府が適切に介入していくことに期待

3　電気の値段は安くなるか（中長期的な視点から）
安くなる
各企業から様々なプランが出てきている，上手に使う
今はない競争になるから
他の分野から参入してくる企業は，高くするとイメージダウンになる
安くはならない
最初は安くなるが，発送電分離でそれぞれの分野で利益を求め始める
顧客が安定してくると，少しずつ高くなる
いずれ資源がなくなり高くなる
人が集まりすぎると，安定供給できなくなり客が離れる。すると，高くせざるを得ない
セット販売で一見安くなったように・・・

ケータイのように消費者の選択の仕方次第なのではないか？

4　環境保全との両立は可能か
可能
参入する企業は意識するはず→新技術の開発
発電する総量は変わらないのでは？
消費者が発電方法にも目を向けて購入していれば
資源不足になれば必然的に
価格が上がれば，節電するようになり，結果的には
不可能
価格が下がると需要が増える
発電所が増えれば森林破壊につながる
安価で提供しようとすれば既存の発電方法に頼る
安定供給と利益を考えた場合，発電効率のよい方法になる
日本だけでは難しい

消費者の意識を高める必要があるのではないか？

あなたが選ぶのは，価格？環境に配慮した発電？
価格
電力自由化の目的からすると，安くならないと意味がない
消費者からみると，発電方法は身近ではない。直結するのは価格
企業を信頼している。そんなに悪いものは提供してこない
そもそも環境を意識しないといけないのは消費者ではなく企業
日本だけでは意味がない
環境
いずれ環境への課題は必ず出てくる。ならば今のうちに手を
安くなりすぎると安全性が疑わしい
日本だけでも考えるべき。みな他人事にしてきた結果が地球温暖化

生徒の思い

（雲形）価格が安くて環境に配慮した発電方法が出てきてほしい
自由化にする限りは，消費者にとってよりよいものに
そのために，一消費者としてしっかりと考えていきたい

5　電力自由化成功への提言
生徒たちの考えは電力自由化に対する懐疑的なものが多い
では，成功するために大切なことは何か
政府や企業，消費者など様々な視点からの提言を

図5－1　単元「電力自由化が私たちの生活にもたらすもの」の構造

第5章　エネルギーと持続可能な社会との関係を考える授業づくり　105

（1）　電力の歴史から電力自由化をとらえる

　第1時においては，「電力自由化再び」というテーマで，まず，電力の歴史をとらえるところから始めた。明治時代に入り，銀座の街に日本で初めての電灯がともったとき，その発電を担っていたのは，民間会社であった。電車が走るようになると，数多くの電力会社が設立されるなど電力小売業はもともと自由市場であったことや，戦後になり，現在のような公共サービス体制に移行していったことを確認した。

　2000年から部分的に電力小売りが自由化され，2016年に完全に自由化されることから，「なぜ，再び電力自由化が実施されるのか」というエネルギー政策の背景について話し合いを行った。子どもからは，「規制緩和の流れ」，「競争により電気料金を下げ，経済を活性化させるため」，「発電方法も含め，消費者が幅広く選択できるようにするため」，「何かあったときに企業同士で補い合うため」といった考えがだされた。話し合い後，経済産業省の3つの見解，①安定供給を確保する，②電気料金を最大限抑制する，③需要家の選択肢や事業者の事業機会を拡大するについて確認した。また，授業者のLINE（無料通信アプリ）に届いた首相官邸からの公式アカウントを紹介し，こうした一連の流れは，安倍政権が推し進めている「アベノミクスの成長戦略」の重要施策の1つであることも併せて確認した。

　多くの子どもは，経済産業省の3つの見解のうち，①安定供給を確保する，に関して疑問を抱いたようであった。安定供給ができていないと実感したことがなかったためである。この疑問を大切にし，第2時以降へとつなげた。

（2）　電力自由化を多面的・多角的に考える

　第2時においては，「今でも安定供給できている？」というテーマで，第1時に生じた子どもの疑問から「安定供給の確保」について扱った。世界各国の年間停電時間を示したグラフ[2]から，日本のそれは世界的に見て，決して長くはないことをとらえた上で，何を指して「安定供給」なのか考えた。

　政府や電力会社にとって，安定供給はmustであること（必ず実現しなけ

ればならないこと）や，東日本大震災後の混乱した状況を，資料等で確認した後，「電力自由化は，電気の安定供給につながるか」について話し合いを行った。子どもからは，結局のところ現状と大きく変わらないのではないかという考えが多くだされた。特に，災害時や震災時にきちんと機能するかは，不透明であるとした。最終的には，企業間での協力や，政府の関わりがポイントになるとの考えがだされた。

　第3時においては，「結局安くなるのか？」というテーマで，学習初期の段階から，子どもの気がかりであった電気料金について扱った。日本電気協会が発行しているQ＆Aや，イギリスで電力自由化後に電気料金が上昇した例[3] を資料とし，「電力自由化で電気料金は下がるのか？」という経済的側面について話し合いを行った。

　子どもからは，一時的には下がるかもしれないが，中長期的に考えると，消費者が期待しているようには下がっていかないのではないかとの考えがだされた。しかし，最終的には，より自分の生活スタイルや考え方に合ったサービスを選ぶなど，「消費者の選択」に委ねられるのではないかという考えが多くだされた。この考えは，価格についての選択にとどまらず，発電方法の選択にもつながっていくものであり，次時への橋渡しとなる視点であった。

　第4時おいては，「競争は環境によくない？」というテーマで，電力自由化と環境保全との関わりについて扱った。まず，今までの学習や，経済産業省が示しているエネルギー政策の3つの「E」（安定供給，経済効率性の向上，環境への適合）と1つの「S」（安全性）をふまえ，「競争と環境の両立は可能か？」という環境的側面に焦点をあてて話し合った。電力自由化によって生じる企業間の競争は，環境保全の視点をもつかという点で，子どもにとっては大きな課題であった。可能派は，「資源不足になれば新エネルギーに頼らざるを得ない状況になる」，「消費者の意識が高まっていけば，よりクリーンな発電方法によって発電される電気を買うようになるだろう」，「競争の結果，価格が上がるとすれば，節電するようになり，必要な電気量が少なくなる。結果的に環境にはよくなるのではないか」といった理由を挙げた。不可

能派は，「価格が下がるとすれば需要が増えることが予想され，より多く発電しなければならない」，「安定供給を求める⇒発電量を増やしたい⇒発電所を増やす⇒環境破壊につながる」，「そもそも日本だけの問題ではない。全世界的な取組を行わないと無理」といった理由を挙げた。

　その後，多くの子どものこだわりであった「価格」と「環境」について，自身は消費者としてどちらを優先するのかを考え，話し合いを行った。価格派は，「消費者に一番関わってくるのは価格である」，「消費者にとって，どのように発電しているかは身近なことではない」，「電力自由化の目的は，『電気料金の抑制』だったはず」，「環境については，消費者よりも発電をする企業が意識すべきことである」といった理由を挙げた。環境派は，「競争のあるなしに関わらず，いずれ環境の問題はでてくる。今のうちに手を打っておくべきだ」，「安くなりすぎると安全性の問題がでてくる。ならば環境面を重視するべきだろう」といった理由を挙げた。

（3）　電力自由化成功への提言

　最終の第5時では，「電力自由化成功への提言」というテーマで，各々で政府や企業，消費者などの視点から，提言をまとめあげた。

　提言をまとめるにあたっては，学習の経過を念頭に置くとともに，あくまで「成功に向けての提言」という部分を意識させた。ここまでの授業を通して多くの子どもは，「電力自由化」という電力政策が政府の考えているようにうまくいくかは疑わしいという考えをもっていた。しかし，政策の実施は決定事項であり，『どうせうまくいくはずない』と結論付け，そこで思考を止めていたのでは，ただの分析・批評にすぎない。それは，消費者として求められる姿でない。実施されるのであれば成功のためにどんな視点が必要かを考えることの方が，これからの社会を生きていく子どもにとっては，現実的であり，重要でもあると考えた。

　以下では，この単元の学習を通して，非常に熱心な様子で取り組んでいたＡの提言を紹介する。

> 　私は電力自由化を成功させるには，今までの電力会社が競争にのめりこみすぎないようにすることが大切だと思いました。競争はサービスの向上などをもたらし，とても良いが，その反面，競争によっておろそかになっていくもの，見えなくなってくるものもあります。
> （中略）
> 　企業だけでなく，私たち消費者の協力も必要だと思います。企業が消費者にとっても，企業にとっても，環境にとってもよりよいものにしていくには，消費者の意見がとても大切です。電気をどの会社で，どのような形態のサービスで購入していくのかということを，社会に対する1つの自分の意見として提示するように考えていく必要があると考えます。
> （中略）
> 　この4時間でたくさんの視点から多くの課題に取り組んでみたけれど，成功の形が1つではないことを学びました。多くの視点があり，そこから多くの課題点が見えてくるからこそ，成功の形は無数にあるのではないかと考えます。でも，その中のどの課題も，成功へ導くには，私たち消費者が多くの意見を発していく必要があると考えます。多くの意見にはそれだけの多くの視点が詰まっていて，成功への道しるべの宝箱だと思います。それが，いずれ環境への適合やより高度な安定供給，安全性につながっていくと思います。
> 　受け身ではなく，主体性をもって，消費者一人ひとりが電力自由化という話の主人公として，しっかり考えて行動に移し，生産者へ訴えていく必要があると思います。そして，国も自由化だからといって，生産側に全て委ねるのではなく，生産と消費と国が一体となって密接に関わり続けることが大切だと思います。

　このとき，Ａの母は，居住しているマンションにおいて，4月から電力会社を変更するかどうかを話し合い，決定する立場にあった。こうした自身の生活との接点が，Ａの学習への意欲をかきたてていたように思う。実際に，その件で私とやり取りすることが幾度となくあった。この提言自体からは，そうしたＡ自身の状況を完全には読み取ることはできないが，「消費者」としての意識，「主体性」については言及している。また，自身の生活との接点があるからこそ，価格へばかりに視点が行きがちなところを，Ａはそこにとどまることなく，この「電力自由化」を多面的にとらえようとしていることがよく分かる。他の生徒の提言も，全てとは言わないまでも，その多くが同様の趣旨であった。

第5章　エネルギーと持続可能な社会との関係を考える授業づくり　109

（4）　指導案

ア　単元目標「電力自由化について「安定供給」，「値段」，「環境との両立」という3つの視点から考えることを通して，この政策のメリット・デメリトや，持続可能な社会の実現に向けての取組について，自分の考えをもつことができる」

イ　単元計画（5時間）

第1時：電力自由化再び

第2時：今でも安定供給できている？

第3時：結局安くなるのか？

第4時：競争は環境によくない？

第5時：電力自由化成功への提言

○第1時：電力の歴史を知り，なぜ再び電力自由化なのか考える。

本時の目標…電力の歴史を振り返り，なぜ再び電力自由化なのかを話し合うことを通して，その背景には，規制緩和の流れや安定供給などいくつかの側面があることを理解する。

	学習内容	主な発問・指示	学習活動	指導上の留意点	資料
導入	○電力のおこり	○「この絵を見て，気がつくことや分かることを発表しよう」	○提示された絵から読み取れることを発表する。	○1882年に東京銀座にともった電燈に着目させることから電力に対する関心を高め，発電の担い手の意識をもつ。	○文明開化の絵（銀座で初めて灯がともった場面）
展開	○電力の歴史	○「電力の歴史について調べよう」	○電力の歴史について，授業者の説明を聞きながらまとめる。	○明治期に入り，発電を担っていたのは民間会社で，戦後現在の体制となったことから，電力自由化に関心をもつ。	○授業者作成のパワーポイント（電気の歴史年表）
展開	○再びの電力自由化	○「なぜ，再び電力自由化なのか？」	○なぜ再び電力自由化なのかについて話し合う。	○電力自由化実施の背景を探ろうとする姿勢をもたせ，その方法を確認する。	○教科書，資料集等（電気に関わる箇所）
まとめ	○電力自由化に対する公的な見解	○「政府や経済産業省の見解を確認しよう」	○政府や経済産業省の見解について授業者の説明を聞く。	○経済産業省の安定供給の確保，料金の抑制，選択や機会の拡大という見解を確認し，国家的戦略と関連づける。	○経済産業省の見解，首相官邸の公式アカウント

○第2時：経産省の「安定供給の確保」から，電力自由化が電気の安定供給につながるか考える。

本時の目標…電力自由化は，電気の安定供給につながるかについて話し合うことを通して，その実現のために，政府や企業，消費者といった関係各所の努力や協力が不可欠であることをとらえることができる。

	学習内容	主な発問・指示	学習活動	指導上の留意点	資料
導入	○世界各国の年間停電時間	○「グラフを見て，気がつくことや分かることを発表しよう」	○世界各国の年間停電時間のグラフを読み取り，発表する。	○他国と比べても日本の停電時間は短く，やはり安定供給はできているのではないかという疑問をもたせる。	○世界各国の年間停電時間と大停電の事例
展開（まとめ）	○電気の安定供給にかかわる政府や電力会社の見解	○「安定供給について政府や電力会社の考えを調べよう」	○安定供給に関わる政府や電力会社の見解についての説明を聞き，まとめる。	○安定供給のとらえには，災害時の想定も大きく影響していることから，その背景には，東日本大震災の発生があることを理解させる。	○東日本大震災直後の電力需給状況に関わる資料
	○電力自由化と電気の安定供給の関連	○「電力自由化は，電気の安定供給につながると思いますか？」	○安定供給するためのポイントをもとに話し合う。	○電力自由化をすれば安定供給が実現するものではなく，政府や企業，消費者の協力が必要であることをとらえる。	○電力自由化Q＆A（日本電気協会新聞部発行）

○第3時：政府と電力会社の考えや他国の状況から，電力自由化が電気料金の低下につながるか考える。

本時の目標…電気料金の低下につながるかについて話し合うことを通して，電力自由化には「消費者の選択」が大きく影響するということをとらえることができる。

	学習内容	主な発問・指示	学習活動	指導上の留意点	資料
導入	○政府や電力会社の考え	○「政府や電力会社の電気料金についての考えをつかもう」	○政府や電力会社の電気料金についての考えを調べる。	○電力自由化と電気料金の関わりは多様な視点が大切であることに気づかせる。	○電力自由化Q＆A（日本電気協会）
展開	○イギリスの事例	○「イギリスの事例から価格変化をとらえよう」	○資料から電気料金の変化を読み取る。	○イギリスの事例を読ませ，電気料金が上昇した背景をとらえさせる。	○電気料金に関わるイギリスの事例

第5章　エネルギーと持続可能な社会との関係を考える授業づくり　111

（まとめ）	○電力自由化と電気料金の関連	○「電力自由化で電気料金は下がると思いますか？」	○電力自由化で電気料金は下がるか話し合う。	○短期的・中長期的な視点から考えさせ、「消費者の選択」も価格に大きく影響していくことをとらえさせる。	

○第4時：政府のエネルギー政策の詳細から，自由競争と環境保全の両立について考える。

本時の目標…自由競争と環境保全の両立は可能かについて考え，自身が消費者として価格を重視するか環境に配慮した発電方法を重視するか根拠をもって選択することができる。

	学習内容	主な発問・指示	学習活動	指導上の留意点	資料
導入・展開・まとめ	○自由競争と環境保全 ○消費者としての選択	○「自由競争と環境保全の両立は可能でしょうか？」 ○「あなたは低価格と環境配慮の発電のどちらを選びますか？」	○自由競争と環境保全の両立は可能か話し合う。 ○価格か環境に配慮した発電方法にするかについて話し合う。	○今までの学習をふまえ，電力自由化によって生じる自由競争と環境保全の両立について考えさせる。 ○自身が1人の消費者として選択させる。また，二者択一ではなく，第三の道を探る姿勢も認めていく。	○エネルギー政策の3つの「E」と1つの「S」 ○前時までのノート ○電力自由化Q&A

○第5時：今までの学習をふまえ，電力自由化成功への提言を考える。

本時の目標…電力自由化が成功するために大切な視点を考え，提言書としてまとめることができる。

	学習内容	主な発問・指示	学習活動	指導上の留意点	資料
導入・展開・まとめ	○電力自由化成功への提言	○「電力自由化が成功するために大切な視点は何だろう？」 ○「政府・企業・消費者など様々な視点から考えよう」	○電力自由化成功への提言書を各自でまとめる。 ○政府・企業・消費者などの視点からまとめる。	○「安定供給」や「環境への配慮」に関わっては，政府や企業，消費者など様々な視点から考えさせる。 ○「成功に向けて」という点を特に意識させる。	○前時までのノートや資料

3 授業の成果と課題

　「電力自由化」は，子どもにとってタイムリーかつ身近な話題だったようである。そのため，普段にも増して，調べ学習や授業における話し合いへの取り組みが熱心であった。子どもが意欲的に取り組むことができた分，この学習を通して得たものは大きい。

　一番の成果は，社会的事象をより多面的・多角的にとらえられるようになったことである。「電力自由化」は，ともすると一消費者としての目先の利益，本実践でいうと「電気代は下がるのか」といった一面的な見方に終始することが多い。しかしながら，子どもはそこにとどまることなく，「電気」という現代社会に必須なものの安定性に着目し，さらには発電方法や環境への配慮にも目を向けることにより，その持続可能性に迫っていった。こうした視点も大切にしながら学習を展開することができたのは，大きな成果ということができるであろうし，実践の趣旨とも合致したものであったと考えている。また，そこに消費者として，「主体的」に関わっていくことの重要性にも気づいている子どもが多くいたことは，意義のあることである。こうした気づきが見出せたことは，「電力自由化」という1つの枠にとどまらず，これからの社会を生きていく子どもにとって，非常に重要なことだと考えている。

　ただ，実践を通して，多くの課題も明らかになった。その1つとして挙げられるのが，上記の成果ともかかわることであるが，学習したことと実際の生活とを関連付け，いかに主体的に動いたか，あるいは，動こうとしているかという点である。この点については，社会的事象そのものが進行形のものであり，不確定要素が大きいものであったため難しい面もあった。しかしながら，「持続可能な社会」の実現を考えたとき，主体的な人間の育成は不可欠なことであり，丁寧な検証を行うことは，必要な要素であったと考えている。また，どこか切実感をもつことができずに学習に取り組んでいた子どもも少なからずいた。こうした子どもの念頭には，「どうせ大きくは変わらない」という思いがあったととらえているが，それを覆すまでの授業展開を仕組んだ

第5章　エネルギーと持続可能な社会との関係を考える授業づくり　113

り，資料を提示したりすることができなかった。「電力自由化」に対する一定の「温度差」が子どもの間にあったと言わざるを得ない。この「温度差」をできるだけなくしていくことは，いかなる問題を取り上げる際にも考慮しなければならないことであり，今後の課題としたい。

　最後にまとめあげた提言では，多くの子どもが電力自由化が成功するかどうかは結局のところ「自分たち次第」と記していたが，懐疑的な意見もみられた。2016年4月から，実際に電力自由化は開始されたが，今のところ（平成28年8月現在）大きな変化が起こったようには感じられない。ただ，今後，災害時の対応や，環境への配慮といった面での各電力会社，参入企業の姿勢に対して，国民の関心がより高まっていくことが予想される。そうした状況になったとき，一足早く学習をしたこの学年の子どもが何を感じ，消費者としてどう動くか，主体的な姿に期待をしたい。

〔注〕
（1）平成27年度の三重大学教育学部附属中学校の研究サブテーマであった「生徒が夢中になる授業づくり」の流れをくみ，子どもと教材との接点を見出すことが，子どもの「夢中」につながるというとらえのもとで実施した。
（2）アメリカ（カリフォルニア）の年間事故停電時間が417分（2008年），イギリスが76分（荒天時を含む2008年）なのに対し，日本は14分（2009年）と非常に短い。『海外電気事業統計』2010
（3）イギリスの場合，発電に関わる燃料費の変動の影響を大きく受ける電気料金の内訳になっていることも関係している。価格.comホームページ http://kakaku.com/energy/article/?en_article=13（2016.10.20検索）

〔参考文献〕
○大橋弘監修『電気新聞特別号　ポイントチェック！電力自由化と発送電分離～Q＆Aでやさしく解説～』日本電気協会新聞部，2015
○志賀正利編『月刊エネルギーフォーラム』エネルギーフォーラム，2016

（内山　亮）

第5章解説
歴史と経済の視点から持続可能な社会を考える

 小学校と中学校の社会科におけるエネルギー使用

　社会科で学ぶエネルギーには，人間の食料である食料エネルギーと，人間が調理，灯り，暖，運搬，動力，生産活動，戦い等に用いるなにかものを動かすための力（以降「エネルギー」と表記）とがある。現行の学習指導要領では日本における食料とその生産については，小学校社会科第5学年の農業・水産業の学習単元と，中学校社会科地理的分野の「日本の諸地域」の中で学習する。エネルギーについては，小学校社会科では，第3学年及び第4学年の「飲料水，電気，ガスの確保」の単元で学ぶ機会があるが，他には特にエネルギーについて学ぶという指示がない。中学校社会科では，地理的分野の「イ　世界と比べた日本の地域的特色」の学習の中に「（ウ）　資源・エネルギーと産業」という項目がある他，公民的分野の「（4）　私たちと国際社会の課題」の中の「ア　世界平和と人類の福祉の増大」の単元の中で「資源・エネルギー」を学ぶことが指示されている。

　また，学習指導要領には，小学校，中学校の社会科において，食料についてもエネルギーについても，その歴史を学習するという指示はない。しかし，実際には，食料については，「稲作のはじまり」や「新田開発」が学習されているし，エネルギーについては，明治期の文明開化の授業で，ガス灯や石炭を使用した陸蒸気（蒸気機関車）などが学習されている。とはいっても，小学校でも，中学校でも社会科歴史学習において，食料生産の発達やエネルギー資源の開発・利用の発達が学習されることは稀である。特に，エネルギーの開発と利用の歴史については，これまで人間（日本人）が，エネルギー資源の開発と利用によってどのように生活を高めてきたか，どのようにエネルギーの使用が持続可能となるように努力と工夫をしてきたかを考え，知る上からも，充実した学習をすることが望まれる。

第5章　エネルギーと持続可能な社会との関係を考える授業づくり　　115

② 100万都市江戸におけるエネルギー使用の持続可能性を考える授業実践について

　小学校の「各時代のエネルギー使用の持続可能性を考える」の授業は，小学校第６学年の歴史学習において，各時代（古代，中世，近世，近代，昭和前期，昭和・高度経済成長期，昭和・石油危機後，平成・現代）ごとに，その時代におけるエネルギー構成とエネルギー使用の持続可能性について問題解決的に学習した，画期的な実践である。現行小学校学習指導要領の社会，第６学年の内容（１）を見ると，「遺跡や文化財，資料などを活用して調べ，歴史を学ぶ意味を考えるようにするとともに，自分たちの生活の歴史的背景」について「理解と関心を深めるようにする」とある。エネルギーの使用は，まさに私たちの生活の基盤であり，その変遷を理解することは，私たちの生活の歴史的な背景について理解することに繋がる。各時代の人々の生活におけるエネルギーの使用の歴史を学ぶことは，小学生の歴史学習としてふさわしいことである。

　授業実践の授業の経過を示したの表５−１を見ると，江戸時代（近世）までは，エネルギー資源があまり変わっていないことがわかる。基本的には，木・薪・炭，人間の食料，動物（牛馬）の食料となる草である。今日に言う，自然エネルギーあるいは再生可能エネルギーである。エネルギー使用の持続可能性について，自然エネルギー（再生可能エネルギー）の利用であるから持続可能であるとはいえないということに子どもたちは気づいている。エネルギー使用の持続可能性は，地域におけるエネルギー資源の発掘，地域に存在しているエネルギー資源の量，人口の増加，エネルギー使用用途（灯り，暖房，運搬など）の増加によることがわかる。特に，江戸時代の中期以降，江戸の人口が100万人にもなると，江戸という都市内では薪炭を主としたエネルギーの自給は不可能で，江戸の人々は，広く関東地方一円やより遠くの地域にまでエネルギー資源を確保するために手を伸ばしたことを子どもたちは学んでいる。また，それに伴い，いろいろな地域の中でのエネルギー資源が枯渇し，その確保が難しくなると，他の地域と軋轢が生ずることもあったこ

116

とにも着目している。このように，100万都市江戸の人口増加により，エネルギー資源の確保のために，より広い地域にエネルギー資源を求めなければ，エネルギー使用の持続可能性は難しいことを子どもたちは学んでいる。

　明治以降になって，エネルギーの使用用途が格段に増加し，エネルギーの使用量が圧倒的に多くなり，新しいエネルギー資源（石炭，石油）の利用がなされるようになった。子どもたちはエネルギー資源の確保が全国規模，世界規模でなされるようになったことに気づいている。エネルギーの使用量が急増したのは，科学技術の発展と応用によって，多くのエネルギーを使用する生活用具，機械・設備，交通・運輸手段が普及したからである。子どもたちは，そのことから生ずる問題にも気づいている。

　戦後になって，特に高度経済成長期からエネルギーの利用形態が大きく変わった。それは，多くのエネルギーを電気として利用するようになったということである。水力，石炭，石油，天然ガスがもつエネルギーを，そのものとしてではなく，電気エネルギーに変換して利用することが多くなった。電気エネルギーに変換できる技術ができたため，原子力，風力，太陽光による発電も，石油危機後，また原子力発電所の事故以降普及してきたことに子どもたちは気づいている。そして，エネルギーの安定的確保・利用の持続可能性，エネルギー資源の確保をめぐる外国との関係，エネルギーの確保と消費から生ずる問題について，関連的に追究し，エネルギーの利用が持続可能であるためには，いろいろな側面から，意思決定をしなければならないことを学んでいる。

　これらのことを総合すると，本授業実践は，第6学年の子どもたちにとって，非常に意義のあるエネルギー使用の歴史学習となっているといえる。

③　電力の歴史から電力自由化への対応を考える授業実践について

　中学校の「電力自由化が私たちの生活にもたらすもの」の授業は，中学校第3学年社会科公民的分野の経済学習の実践である。

　この授業実践は，明治期に電気が供給されるようになり，もともとは電力

は自由化されていたという事実をもとに，電気の供給体制について考えている。電気の供給ということ通して，市場経済と価格，中でも独占価格・公共料金について具体的に学ぶものとなっている。経済の学習は，とかく抽象的になりがちであるが，電気という具体的な事例を用い，しかも，授業実践当時にテレビや新聞等に報道されていた「電力の小売全面自由化」を取り上げたことにも，授業構成の工夫を見ることができる。

　公共料金についての教科書の説明は，例えば，「電気・ガス・水道などのサービスは，国民生活に与える影響が大きいために，その価格（料金）は公共料金と定められ，国や地方公共団体が決定や認可をしています」（東京書籍『新しい公民』平成26年発行）などとなっている。国民生活に与える影響が大きいのは，電気，ガス，水道だけでなく，米やパンの方が大きいかもしれないので，それだけでは説明にならない。経済学では，地域独占的に財やサービスが供給されていることが公共料金となる重要な基準とされている。この授業実践では，電気の小売りは，戦前には自由市場であったが，戦後に公共サービス体制になったのに，なぜまた自由化されるのかを子どもたちが考えるようになっている。これは，公共料金となることの条件について論じていることになる。初めに自由化する理由を子どもたちに考えさせ，その後に経済産業省の3つの見解を示して，比較していることは，子どもたちの考える力を育てる上から，望ましいことである。その結果，子どもたちの考えた理由と経済産業省の3つの見解のうち，2つ（料金を下げる，消費者の選択肢を増やす）は共通したが，「安定供給を確保する」という経済産業省の見解について疑問が持てるようになっている。このことが，後に続く子どもたちの深い追究を引き起こしている。子どもたちは「安定供給」や「電気料金を下げる」についても，経済産業省の見解を鵜呑みにするのではなく，外国の例を含めた様々な資料を検討して話し合っている。また，電力自由化の環境への影響についても検討している。

　この実践は，中学校社会科公民的分野の歴史を踏まえたエネルギー教育の実践として非常に優れた実践であるといえる。

（山根　栄次）

> **コラム5**
> **明かりから江戸時代と現代の人々の暮らしを考える授業**

 小学校社会科歴史学習にエネルギー教育をどのように取り入れるか

　2013年に6年生の担任となった4月当初，子どもたちは「歴史って暗記なんやろ？」と言っていた。まずはこの捉え方から変えていきたいと感じた。

　歴史学習でエネルギー教育を行う方法は，①エネルギー変遷の歴史，②エネルギーを発明した人物について学ぶ，③人がどのようにエネルギーとつきあってきたか，という3つの方法があると考える。①は，人類がいかにエネルギーを使用してきたかのつながりに着目できるが，歴史学習をある程度学び終わってからでないとそれぞれの時代の歴史事象と関連して考えるのは難しい。②は，発明をした人物を通してエネルギーを考えるので子どもたちは発明家の立場から考えることができるが，理科的な内容に陥りがちである。③は，自分たちがエネルギーを使用しているので，実感を伴いながら考えることができる。子どもたちは社会科歴史学習をなかなか自分たちの問題として捉えられなかった。③は，このような場合に適切な方法であると考える。よって，小学校社会科歴史学習で明かりのエネルギーに焦点を絞り，当時の人の立場に立って暮らしの明るさを現代と比較する学習を進めることにした。

 明かりを事例として江戸時代の人々の暮らしを実感する

　子どもたちが住む三重県松阪市は江戸時代の郷土の偉人として本居宣長が有名である。行灯の明かりのもとで，本居宣長とその息子の春庭は学問に取り組んでいた。2人が活躍した江戸時代の民衆の生活の様子を調べ，現代のように蛍光灯の下で勉強をするのとは違い，薄暗い行燈の明かりのもとで学問に励んでいたことを体験する。そして，江戸時代の油を原料とした不安定な明かりと，現代の大量の資源が必要となるが安定した明かりを比較する。

　35年をかけて『古事記伝』44巻を執筆した宣長は，昼は医者，夕方は弟

第5章　エネルギーと持続可能な社会との関係を考える授業づくり　119

子に和歌や『源氏物語』の講義をしていた。主に学問を研究していたのは夜で，4畳半の部屋で行灯の明かりを使っていた。息子の春庭は，幼い頃から父・宣長の研究の手伝いをしていたが，28歳で目を患い（急性ブドウ膜炎），32歳で失明している。本居宣長記念館では「宣長の仕事の手伝いによる目の酷使が原因ではないか」「江戸時代の衛生環境の悪さによって目にウイルスがはいりこんだのではないか」という2つの説があった。どちらの説も子どもたちに実際に調べて考えさせることで，実感を伴った歴史学習につながる。実際の授業では江戸時代の庶民の行灯，高級品のろうそく，現代の蛍光灯のそれぞれの明かりで，メジャーを付けた古事記を読み比べて，「明るさ」「安定性」「安全性」「明かりの資源と値段」の視点から考えた。

　江戸時代の庶民が使う行灯の燃料資源は油（菜種油や魚油）であり，手元の文字がぼんやりと見えるくらいで，現代の蛍光灯と比べると明かりもゆらゆらと不安定ですすも多く出る。独特なにおいに「不思議なにおいがする」「四畳半の部屋だとすすやにおいもこもる」「見えづらい」という感想がでた。「夜に手伝った春庭にとって，目によくないな」「春庭の失明の原因は暗い行灯のせいかも」という考えがだされた。油を使った行灯よりも明るいろうそくは高級品であった。行灯より明るくて灯りも安定しているが風でゆれる。蛍光灯の明かりで古事記を読んだときは「明るくて見やすい。ゆらゆらしない」「行灯やろうそくは火を使うから当時は火事が多かったのだろう。蛍光灯は火事の心配もない」という考えもだされた。

　子どもたちは，実感を伴いながら江戸時代の明かりと現代の明かりを比べることができた。そのことで当時の人の暮らしぶりの理解を深め，その後の黒船来航（世界での産業革命に必要な鯨油にも関連している）や，日本の産業革命へとつながりを持って学習を進めることができた。現代の明かりと比較しながら江戸時代の明かりを考えることで，自分たちの問題として歴史学習を進めることができ，その後の学習にもつなげることができた。

（市場　未来）

> コラム6
> # エネルギー使用の歴史を概観する

 エネルギー使用の歴史

　人や物の運搬，戦いの手段，農耕の動力として動物（牛馬）が使われたのは，世界の4大文明の遺跡・史跡からわかる。日本では，牛は，平安時代に貴族の乗る牛車として使われた後，室町時代に広く農耕に使われるようになったようである。牛も牛車も，昭和30年代くらいまで（耕運機や軽トラックが普及するまで）は，農家で広く農耕と運搬用に用いられていた。日本では，古墳から出る埴輪に馬の形をしたものがある。馬は，日本では，武士の乗り物・戦いの手段，そして運搬用，農耕用として用いられていた。明治初期の文明開化時に，鉄道馬車に馬が民生用として使われている。また，馬は，第二次世界大戦が終わるまで，軍馬として多く用いられている。

　明治以降の陸上における人や物の運搬手段には，狭い範囲・短い距離の運搬としては，人力車，大八車，リヤカー，牛車，馬車があるが，何れもその動力エネルギーは人力か畜力である。輸送の近代化により，タクシー・自動車，トラック，バス，市電が使用されるようになった。自動車，トラック，バスは石油，市電は電気がエネルギー資源である。中長距離輸送の場合，鉄道輸送としては，汽車，ディーゼル機関車，電車が，道路輸送の手段としてはトラックがある。使用するエネルギー資源は，汽車は石炭，ディーゼル機関車は石油，電車は電気，トラックも飛行機も石油である。

　海上の輸送手段としての船の動力は，初めは棹や艪を使う人力であったであろうが，風を利用した帆船が使われるようになった。日本人が帆船以外の船を見たのは，幕末にペリーが蒸気船で浦賀にやってきた時であろう。船の動力は，その後，蒸気機関から，ディーゼルエンジン，ガスタービンエンジンへと変化してきている。エネルギー資源は，蒸気機関は石炭，ディーゼルエンジンは石油，ガスタービンエンジンは石油か天然ガスである。原子力が船の動力に使われている希少な例もある。

2 発電と送電のシステムの歴史

　日本の発電事業が始まった初期（明治 10 年代以降）には，発電事業は，それぞれの都市の中で小規模になされていた。初期には送電線も，会社ごとに設置していた。その後，電車が走るようになると，電力需要が増加し，電力会社も数多く設立され，自由競争であった。その後，戦時体制の一環として，1934 年に日本の全ての電力会社が半官半民の特殊会社，日本発送電株式会社に統合された。戦後，日本発送電株式会社は 1951 年まで続いた後に解散し，所有していた発電所は，全国 9 ブロックの配電会社を基にした新しい電力会社に移管された。沖縄の日本返還後は，沖縄電力を含めた 10 社体制となった。発電と送電・配電が深く関係，送電システムの構築・維持に多額の資金が必要，同じ地域に複数の会社の送電システムを作ることは無駄，発電と送電・配電を安定・確実にする必要などから，電力の供給システムが地域独占であった。このため，電気料金は公共料金として政府の許認可が必要であった。

　1995 年に電気事業法が改正され，発電事業への新規参入が拡大するとともに，電力の小売も規制緩和され，2016 年より電気の小売が全面自由化された。この間，発電に関する技術革新などによって，太陽光発電，風力発電，小型水力発電など小規模な発電が民間や地方自治体によっても推進された。これは，発電と送電・配電をする企業を別々とする（発送電分離）ことによって成り立つ。2016 年以降も，送電・配電システムについては，これまでの全国 10 社の電力会社による地域独占の事業が認められている。外国では，発送電分離によって大規模な停電が発生したこともあり，発送電分離，電気の小売自由化が企業や国民・家庭にとって本当に利益になるかは，もうしばらく様子を見る必要があろう。

〔参考文献〕
○松井賢一『エネルギー問題！』NTT 出版，2010

（山根　栄次）

 **エネルギー教育の研究に継続して取り組む**

エネルギー＆環境学習フォーラム

　筆者がエネルギー教育の研究をスタートさせたのは，2002年4月であった。きっかけは，当時愛知教育大学助教授であった（現在，玉川大学教授）の寺本潔氏から，中部地方の5県（愛知，岐阜，三重，静岡，長野）で「エネルギー＆環境学習フォーラム」を組織したいという意図で，三重県フォーラムの代表の依頼があったことである。このフォーラムは，中部電力本社の支援のもとで2006年3月までの4年間活動し，その成果の一部を『身近に引き寄せるエネルギーの授業』として2005年11月に明治図書から出版した。社会科だけでなく，生活科，理科，総合，技術・家庭科でのエネルギーに関する授業が提案されていて，エネルギー教育の裾野の広さを感じる。

　この本の中で，三重県フォーラムのメンバーが開発した授業には，小学校第3学年理科での「ソーラークッキング」，小学校第3学年社会科での昔の道具で食べものを炙って食べてみる，小学校第5学年社会科でのゴミ固形燃料を使った発電の是非，小学校第6学年社会科での「国際平和と日本のエネルギー問題」，中学校第2学年社会科での「エネルギーを身近に考える」といった授業がある。著者は，「経済的視点を取り入れたエネルギー・環境教育」という項目を担当し，社会科におけるエネルギー教育の内容系列を考えた。

エネルギー教育フォーラム—電気の質の研究—

　「エネルギー＆環境学習フォーラム」が終了した後，中部電力三重支店の支援のもとで三重県内だけのエネルギー教育フォーラムが2006年にスタートし，特に「電気の質」というテーマを中心に研究した。著者の他，三重大

学教育学部の理科，技術，家庭科の教員が研究に参画し，三重大学教育学部附属中学校の社会科，技術科，家庭科の教員と県内中学校の理科の教員がエネルギーに関する授業を開発した。そして，2011年2月に「エネルギー教育フォーラム授業実践報告書—電気の質について—」を発行した。

この報告書の中には，中学校第3学年の社会科公民的分野での「資源・エネルギーの未来」で，今後の日本が重点を置くべき発電方法，太陽光発電に頼るべきかなどを追究している実践と，第2学年の社会科地理的分野での「『資源とエネルギー』—電気エネルギーを通して—」で，電源のベストミックスが追究されている実践が所収されている。著者は，この報告書で，「電気の質とエネルギー教育について」を担当した。

電気の質が高いとは，「停電がないこと，及び，電気の周波数と電圧が安定している」ことをいう。その点からいうと，太陽光発電や風力発電による電気は，電気の質が安定していないことが分かった。環境のことを考えたこれからの発電は再生可能エネルギーを中心にすべきだという議論があるが，電気の質のことを考えると，そう単純にはいかないことが理解される。電気の質も考えた発電方法のベストミックスを追究する必要がある。

③ 三重・社会科エネルギー教育研究会—電気の安定供給の研究—

エネルギー教育フォーラムが終了した後，中部電力三重支店の支援のもとで2011年6月からは，引き続いて三重・社会科エネルギー教育研究会がスタートした。同僚である永田成文氏が加わってくれた。また，卒業生を中心とした三重県内の社会科教員が参加した。この研究会では，電気の安定供給を中心テーマとして研究を進めてきた。テーマ設定のきっかけの1つは，2011年に起こった東日本大震災とそれに伴う原子力発電所の事故である。

エネルギー教育の奥は深い。社会科でのエネルギー教育はどうあるべきか。長い，長い，理論研究と実践研究が必要である。

（山根　栄次）

索引（五十音順）

あ

明かり 119, 120
アナロジー 29, 30, 31, 36, 52
安定供給 106, 118

い

意思決定 12, 63, 91
一次エネルギー 5, 60
飲料水，電気，ガス 59

え

エネルギー 8, 17, 20, 21, 91, 115
エネルギー環境教育 7, 9, 10
エネルギー・環境教育 18
エネルギー基本計画 11, 60
エネルギー構成 91, 92, 95
エネルギー資源 6, 40, 91, 101, 116
エネルギー政策 11, 22, 61, 73
エネルギーと社会との関係 6, 9, 18, 53, 59
エネルギーの安定供給 39, 51, 54, 69
エネルギー（使用）の持続可能性 18, 46, 94, 95
エネルギーの持続的利用 11, 69, 83, 85
エネルギーの転換期 93, 95
エネルギー問題 11, 60, 92

か

学習指導要領・社会 6, 9, 13
化石燃料 60, 71
価値判断 63, 84
火力発電 40, 60, 71
火力発電所 46, 56

き

給電制御所 28, 34, 37

け

原子力発電 57, 60, 63, 68, 71, 81, 84, 86
原子力発電所 18, 57, 78

こ

工業生産 39, 53
高速性 31, 36, 52
公民的分野 17, 24, 71, 82, 85, 103, 117

さ

再生可能エネルギー 6, 23, 60, 68, 74, 78, 79, 81, 86, 124
産業革命 6, 24, 120

し

資源・エネルギー 17, 24
持続可能性 6, 7, 11, 15, 25
持続可能な社会 7, 23, 66, 73, 83, 101, 113
実験 49, 56
市民的資質 14, 15
社会科（教育） 6, 19, 123
社会科エネルギー教育 9, 10, 14, 15, 19, 53
社会科エネルギー授業 6, 59, 82, 103
社会参加 12, 69
社会的論争問題 12, 61, 83, 91
社会認識 12, 14, 15, 69
周波数 5, 22, 124
消耗性 31, 37, 52

す

水力発電 60
水力発電所 87

せ

生活科 70, 123
石炭 6, 60, 121
石油 6, 60, 121
石油危機 24
石油ショック 17

125

そ

送電　28, 31, 35, 36

た

第3学年及び第4学年：中学年　17, 20, 27, 52
第5学年　22, 39, 53
第6学年　22, 61, 83, 92, 116
太陽光発電　60, 68, 79, 84, 86

ち

中央給電指令所　28, 34, 37
地理的分野　17, 23, 71

て

出前教室　55
電圧　5, 22, 28, 31, 52, 124
電気　5, 14, 19, 46, 84, 92, 113
電気エネルギー　40, 53, 93, 117
電気の安定供給　27, 28, 36, 52, 56, 60
電気の持続的利用　66
電気の質　30, 123
電気の旅　29, 30, 36
電源開発　62, 73, 83
電源問題　60
天然ガス　6, 60, 121
電力自由化　103, 104, 107, 108, 109, 113, 114, 118
電力の安定確保　5
電力のベストミックス　60, 62, 71, 81, 82

に

二次エネルギー　5, 51, 60

は

発電　28
発電コスト　25, 81, 82

ひ

東日本大震災　6, 18, 23, 60, 71
100万都市江戸　92, 98, 100, 101

ふ

風力発電　60, 68, 79, 86, 89

へ

ベース（ロード）電源　58, 60
変電所　28, 52

み

三重・社会科エネルギー教育研究会　5, 41, 57, 124

も

木炭　98, 102
問題解決学習　71, 73, 81

り

理科　17, 19, 70, 123
リサイクル　98, 101
リスク　26

れ

歴史学習　91, 92, 116, 119
歴史的分野　24

（A〜Z）

Education for Sustainable Development: ESD　6, 8, 12, 83
LNG　40, 46
Sustainable Development: SD　8

【執筆者紹介】（執筆順）

永田　成文　三重大学教育学部教授

山根　栄次　三重大学教育学部特任教授（三重・社会科エネルギー教育研究会代表）

萩原　浩司　四日市市立泊山小学校教諭

石田　智洋　四日市市立泊山小学校教諭

谷本　博史　津市立成美小学校指導教諭

樋口　大祐　四日市市立富洲原中学校教諭

内山　亮　三重大学教育学部附属中学校教諭

市場　未来　伊勢市立宮山小学校教諭

【編者紹介】

永田　成文（ながた　しげふみ）
1967年　佐賀県生まれ
1993年　広島大学大学院学校教育研究科修士課程修了
2011年　博士（教育学）広島大学
　佐賀県公立小学校教諭，佐賀県公立中学校教諭，広島大学附属中高等学校教諭，広島県公立高等学校教諭，
三重大学教育学部助教授（准教授）を経て，現在は三重大学教育学部教授
専　門　社会科教育，地理教育，異文化理解教育
主　著
『論争問題を取り上げた国際理解学習の開発』（共著）明治図書，2006
『持続可能な社会と地理教育実践』（共著）古今書院，2011
『市民性を育成する地理授業の開発－「社会的論争問題学習」を視点として－』（単著）風間書房，2013

山根　栄次（やまね　えいじ）
1950年　愛知県生まれ
1976年　東京教育大学教育学研究科修士課程修了　教育学修士（東京教育大学）
1980年　筑波大学大学院教育学研究科博士課程単位取得退学
　熊本大学教育学部講師・助教授，三重大学教育学部助教授・教授を経て，現在は三重大学教育学部特任
教授，三重・社会科エネルギー教育研究会代表
専　門　社会科教育，公民教育，経済教育
主　著
『「経済の仕組み」がわかる社会科授業』（単著）明治図書，1990
『金融教育のマニフェスト』（単著）明治図書，2006
『個の育成をめざす授業－生活科・社会科・総合学習－』（共編著）三晃書房，2010

持続可能な社会を考えるエネルギーの授業づくり

発行日	2017年3月31日
編　者	永田成文　山根栄次　三重・社会科エネルギー教育研究会
発行者	濱森太郎
発行所	三重大学出版会
	〒514-8507　津市栗真町屋町1577　三重大学総合研究棟Ⅱ3F
	TEL/FAX　059-232-1356
印刷所	モリモト印刷（株）
	〒162-0813　東京都新宿区東五軒町3-19

ISBN　978-4-903866-37-6　C0037　　　　　　　　　　　　￥1200E
©Shigefumi Nagata, Eiji Yamane 2017, Printed in Japan